Chinese Conversations For Beginners

Effective Mandarin Learning with
Authentic Conversational Chinese Dialogues

Chinese Short Stories

Bilingual Book
Chinese • Pinyin • English

LingLing

www.linglingmandarin.com

All characters and the stories told through their experiences in this book are fictitious; although many of the stories have been influenced by real events, the characters themselves are wholly imaginary. The stories and conversations are intentionally set in different contexts for the benefit of learners to practice with a variety of conversations. Any views expressed by the characters in this book do not represent that of the author or LingLing Mandarin.

A number of real world organisations and institutions are referenced in the book for educational purposes only and the author has no direct affiliation or association with those organisations. All product and company names are trademarks or registered trademarks of their respective holders. Use of them does not imply any affiliation with or endorsement by them.

Copyright © 2023 Ling He (LingLing Mandarin)

All rights reserved. Ling He (LingLing Mandarin) owns copyright of all written content of the book. No part of this book including audio material may be reproduced or used in any manner without written permission of the copyright owner. For more information, contact:

enquiries@linglingmandarin.com

FIRST EDITION

Editing by Xinrong Huo
Cover design by Ling Ling

www.linglingmandarin.com

ACKNOWLEDGEMENTS

I would like to express my sincere thanks to my Chinese friends and colleagues: Hailing Hua, Cathay Zhou, and Dongjie Li, who collaborated with me to complete the Chinese audio for this book.

Special thanks go to my husband Phil, who motivated my creation and assisted with the editing and proofreading the book.

My gratitude also goes to my wonderful students, who study Mandarin with me. You have inspired my writing and have given me valuable feedback to complete this book. Your support is deeply appreciated!

Access FREE Audio!

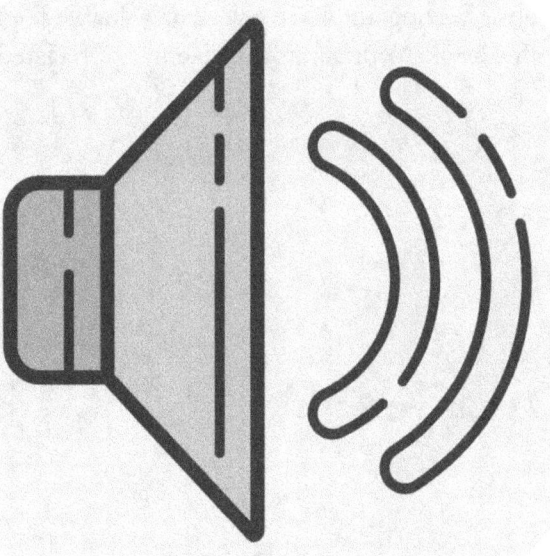

Check the "Access Audio" chapter
for full instructions
(see table of contents)

TABLE OF CONTENTS

Introduction		1
How To Learn Chinese		3
我叫杰明 (wǒ jiào jié míng)	My Name Is Jamie	5
我的朋友，苏飞 (wǒ de péng yǒu, sū fēi)	My Friend, Su Fei	10
我太忙了 (wǒ tài máng le)	I Am Too Busy	15
我可以加你微信吗？(wǒ kě yǐ jiā nǐ wēi xìn ma)	May I Add You On Wechat?	20
我的兄弟姐妹 (wǒ de xiōng dì jiě mèi)	My Siblings	25
去沃尔玛购物 (qù wò ěr mǎ gòu wù)	Shopping In Walmart	29
去饭馆 (qù fàn guǎn)	Going To The Restaurant	34
点外卖 (diǎn wài mài)	Ordering A Takeaway	39
坐地铁去机场 (zuò dì tiě qù jī chǎng)	Taking Metro To The Airport	44
你喜欢做什么？(nǐ xǐ huān zuò shén me)	What Do You Like To Do?	49
我的中文名字 (wǒ de zhōng wén míng zì)	My Chinese Name	54
你有时间吗？(nǐ yǒu shí jiān ma)	Do You Have Time?	59
去商场买东西 (qù shāng chǎng mǎi dōng xi)	Going To The Shopping Mall	64
在星巴克喝咖啡 (zài xīng bā kè hē kā fēi)	Coffee In Starbucks	69
疯狂的网购 (fēng kuáng de wǎng gòu)	Crazy Online Shopping	74
去中国银行 (qù zhōng guó yín háng)	Going To The Bank Of China	79
去小吃街 (qù xiǎo chī jiē)	Going To The Food Street	84
你的狗真可爱！(nǐ de gǒu zhēn kě ài)	Your Dog Is So Cute!	89
去茶馆 (qù chá guǎn)	Going To The Teahouse	94

<ruby>在<rt>zài</rt></ruby> <ruby>手<rt>shǒu</rt></ruby> <ruby>机<rt>jī</rt></ruby> <ruby>上<rt>shàng</rt></ruby> <ruby>打<rt>dǎ</rt></ruby> <ruby>车<rt>chē</rt></ruby>	Ordering A Taxi By Phone	99
<ruby>去<rt>qù</rt></ruby> <ruby>健<rt>jiàn</rt></ruby> <ruby>身<rt>shēn</rt></ruby> <ruby>房<rt>fáng</rt></ruby>	Going To The Gym	104
<ruby>到<rt>dào</rt></ruby> <ruby>北<rt>běi</rt></ruby> <ruby>京<rt>jīng</rt></ruby> <ruby>机<rt>jī</rt></ruby> <ruby>场<rt>chǎng</rt></ruby> <ruby>了<rt>le</rt></ruby>	Arriving At Beijing Airport	108
<ruby>去<rt>qù</rt></ruby> <ruby>宾<rt>bīn</rt></ruby> <ruby>馆<rt>guǎn</rt></ruby> <ruby>登<rt>dēng</rt></ruby> <ruby>记<rt>jì</rt></ruby>	Checking Into The Hotel	113
<ruby>生<rt>shēng</rt></ruby> <ruby>日<rt>rì</rt></ruby> <ruby>快<rt>kuài</rt></ruby> <ruby>乐<rt>lè</rt></ruby>！	Happy Birthday!	118
<ruby>租<rt>zū</rt></ruby> <ruby>房<rt>fáng</rt></ruby>	Renting An Apartment	123
<ruby>看<rt>kàn</rt></ruby> <ruby>医<rt>yī</rt></ruby> <ruby>生<rt>shēng</rt></ruby>	Seeing A Doctor	128
<ruby>圣<rt>shèng</rt></ruby> <ruby>诞<rt>dàn</rt></ruby> <ruby>快<rt>kuài</rt></ruby> <ruby>乐<rt>lè</rt></ruby>！	Merry Christmas!	133
<ruby>用<rt>yòng</rt></ruby> <ruby>微<rt>wēi</rt></ruby> <ruby>信<rt>xìn</rt></ruby> <ruby>还<rt>hái</rt></ruby> <ruby>是<rt>shì</rt></ruby> <ruby>支<rt>zhī</rt></ruby> <ruby>付<rt>fù</rt></ruby> <ruby>宝<rt>bǎo</rt></ruby>？	Wechat Or Alipay?	138
<ruby>找<rt>zhǎo</rt></ruby> <ruby>工<rt>gōng</rt></ruby> <ruby>作<rt>zuò</rt></ruby>	Finding A Job	143
<ruby>新<rt>xīn</rt></ruby> <ruby>年<rt>nián</rt></ruby> <ruby>快<rt>kuài</rt></ruby> <ruby>乐<rt>lè</rt></ruby>！	Happy New Year!	148
Access Audio		152
Chinese Conversation Series		153
300 Essential Chinese Characters Workbook Series		154
More Books by LingLing		155
About The Author		156

INTRODUCTION

ABOUT THE BOOK

Are you a beginner Mandarin learner looking to improve your spoken Chinese in the most effective way possible? If your answer is YES – this book is for you! The book is designed to immerse you in realistic daily conversations in modern China by natives at an appropriate level for learning.

The level of this book is elementary, covering essential topics such as: how to introduce yourself and others; inviting friends out and socializing; ordering food; checking in at hotels; visiting the doctor; taking the metro and ordering a taxi; opening a bank account; renting an apartment; buying everyday essentials; and much more.

China has changed a lot in recent years. The language is ever-evolving, and technology has revolutionized daily interactions. Modern China is more dynamic than ever, affecting lifestyle, language, and culture. It is unsurprising then that many existing books on the market are now impractical and out-of-date. This book presents you with up-to-date vocabulary and phrases, connects you to the lively and authentic language used by natives, and exposes you to multiple aspects of modern life in China, such as the impact of technology in everyday life. It also includes cultural insights and fun stores to enrich your learning experience.

HOW THE BOOK WILL HELP YOU

This book contains 30 conversations that are structured to guide and assist your learning at this stage of your journey. All of the Chinese audio is recorded by native Chinese speakers. The conversations are based in modern China, following consistent storylines and touching on many different topics to give you broad exposure to daily life and interactions in modern-day China. Dialogues consist of:

- Bilingual Chinese-English version (with Pinyin romanization).
- Learning tips to enhance your understanding of the vocabulary and the cultural context of the conversation
- Key vocabulary list to help you to learn and review.
- Chinese only version of the dialogue for self-assessment, to challenge yourself, and to reinforce your learning.
- Highlighted key words and phrases to ease learning

The English translation of the dialogue is not word-for-word, as direct translations often fail to capture accurate meanings, especially for learners. This translation aims to preserve the original meaning while ensuring natural English reading. Cultural differences also affect interactions and language use, making some sentences seem odd initially. However, with increased exposure, you will adapt. This book helps by offering opportunities to read and listen at your own pace, along with helpful hints.

Level Up Your Learning with Companion Books

To enhance your Chinese vocabulary and grammar, I highly recommend using this book alongside "**Learn Chinese Vocabulary for Beginners (NEW HSK 1-3)**." This series includes mastering Chinese numbers from zero to a trillion, over 2,000 words used in context, and a comprehensive guide to Chinese grammar and sentence structures.

If you enjoy learning Chinese through captivating stories and have an interest in Chinese culture, history, legends, and folktales, I recommend exploring my book **Chinese Stories for Language Learners: Elementary.** It's tailored for language learners, offering an enjoyable path to enhance your language skills while immersing yourself in Chinese cultural narratives.

Free Audio

Great news – the audio for the book is a FREE gift. Don't forget to check the instructions in the "Access Audio" chapter for how to access it! The audio includes all 30 Chinese conversations recorded by native Chinese speakers!

Learn Chinese with a New Vision

Chinese is one of the most varied, dynamic, and artistic languages and has developed over 3500 years. It is one of the most spoken languages in the world, and mastering it opens doors to new opportunities in life, travel, business, and personal development. Studying Chinese is not just about learning a new language but also exploring a different way of thinking, experiencing new perspectives, understanding a rich culture developed over thousands of years, and finding peace and balance in a life-long beneficial journey.

How to Learn Chinese: Tips from LingLing

Become an Effective Learner

In Chinese, we have a well-known idiom 事半功倍 (shì bàn gōng bèi) (get twice the result with half the effort). You can cut short a long process with an effective learning method. It may seem obvious, the best way to learn Chinese is to use it as often as possible. Like any skill, the more you practice, the more it will become second nature, like muscle memory.

Make the most of each dialogue in the book by paying attention to the language flow and keep **reading it aloud** until you can read it naturally and fluently - even imagining yourself in the situation and acting it out. Use the accompanying audio to help by imitating the accent and expression of the people in the audio. And of course, with Chinese being a tonal language, listen carefully for the pronunciation and tones of each word. I suggest you follow this process:

1. **Read** the bilingual version of each dialogue to identify the new words and phrases in context, referring to the key vocabulary list for usage.
2. **Listen** to the audio while following the text to pick up the correct pronunciation - pause and rewind if necessary.
3. **Practice** reading the text aloud until you can read the entire dialogue fluently. Pay attention to transitional words and phrases to master the authentic language flow.
4. **Test** yourself by heading to the Chinese version of the story, and read it without the help of Pinyin and English. Mastering the Chinese on its own is the key to level up.
5. **Listen again** to the audio. Test yourself by listening to it without the help of the text. If you miss some parts, go back to check with the text. Keep practicing until you can comprehend the audio alone.

Review and Practice

Repetition is the mother of learning! Make sure you go back to each dialogue and review the vocabulary frequently. The more you review and practice, the better your Mandarin will be!

Be Your Own Creator

Become a true master through creation and application! Apply the vocabularies, phrases, and sentence patterns you learned from each story to your own conversations, whether in real-life practice or imaginary scenarios. Remember – the ultimate goal of learning Mandarin is to effectively communicate and understand the language in your own experiences. You can only achieve this by applying what you have learned in practice!

Believe in Yourself

Believe in yourself and have confidence! Never be afraid of making mistakes. In real life, even advanced learners and native speakers make mistakes! Plus, mistakes only make us grow quicker! So, never let mistakes put you off. Instead, be bold, embrace and learn from mistakes!

Set Goals and Stay Committed

Having a committed learning attitude and setting goals from small to big will lead you to great achievements in your Chinese learning journey. So stay committed and never give up! Just like this Chinese idiom:

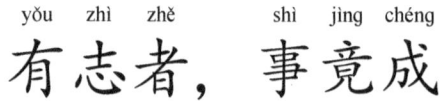

Nothing is Impossible to a Willing Heart

1

我叫杰明
wǒ jiào jié míng

MY NAME IS JAMIE

<small>jié míng   nǐ hǎo   wǒ jiào jié míng   qǐng wèn   nǐ jiào shén me</small>
杰明: 你好！我叫杰明。**请问**，你叫什么？
Jamie: Hello! I am Jamie. **May I ask**, what's your name?

<small>lǐ lì   nǐ hǎo   wǒ jiào lǐ lì   nǐ shì měi guó rén ma</small>
李丽: 你好！我叫李丽。你是**美国人**吗？
Li Li: Hello! I am Li Li. Are you **American**?

<small>jié míng   bú shì   wǒ shì yīng guó rén</small>
杰明: 不是，我是英国人。
Jamie: No, I am British.

<small>lǐ lì   jié míng   shì nǐ de zhōng wén míng zì ma</small>
李丽: "杰明"是你的**中文名字**吗？
Li Li: Is "Jié Míng" your **Chinese name**?

<small>jié míng   shì de   wǒ de yīng wén míng zì shì   xìng</small>
杰明: 是的。我的**英文名字**是 Jamie，**姓** Green。
Jamie: Yes. My **English name** is Jamie and my **surname** is Green.

<small>lǐ lì   wǒ yě yǒu yīng wén míng zì   jiào</small>
李丽: 我**也**有英文名字，叫 Lily。
Li Li: I **also** have an English name, called Lily.

<small>jié míng   zhè shì hěn hǎo de yīng wén míng zì</small>
杰明: 这是**很好**的英文名字！
Jamie: This is a **very good** English name!

李丽：哪里哪里！你是**大学生**吗？
Li Li: **Thank you for your compliment**! Are you a **University student**?

杰明：是的。
Jamie: Yes.

李丽：这是你**第一次**来中国吗？
Li Li: Is this your **first time** coming to China?

杰明：对，我**上个星期**才到中国。
Jamie: Yes, I only arrived **last week**.

李丽：中国很大，你**为什么**会**选择**上海？
Li Li: China is very big, **why** do you **choose** Shanghai?

杰明：**因为**上海很**有名**，而且我在上海有很多中国朋友。
Jamie: **Because** Shanghai is very **famous**, plus I have many Chinese **friends** in Shanghai.

李丽：那你的中文**怎么样**？
Li Li: So, **how** is your Chinese?

杰明：**一般般**。我在英国学了几年，现在**打算**在中国再学半年。
Jamie: It's **average**. I studied it in the UK for a few years, and now I **plan to** study for another **half year** in China.

李丽：你**觉得**学中文**难**吗？
Li Li: Do you **think** it is **hard** to learn Chinese?

杰明：**有一点儿**难，**特别是**写汉字。
Jamie: **A little** hard, **especially** writing Chinese characters.

李丽：如果你用**拼音打字**，就不难。
Li Li: If you **type in Pinyin**, it's not hard.

jié míng duì dàn shì wǒ hěn xǐ huān liàn xí xiě hàn zì wǒ jué de hàn zì hěn měi
杰明：对！但是我很**喜欢**练习写汉字，我觉得汉字很**美**。

Jamie: Correct! But I **like to** practice writing Chinese. I think Chinese characters are very **beautiful**.

lǐ lì shì a wǒ de hěn duō wài guó péng yǒu yě zhè yàng shuō zhù nǐ hǎo yùn
李丽：是啊！我的很多**外国**朋友也这样说。**祝你好运！**

Li Li: Indeed! Many of my **foreign** friends also said the same to me. **Good luck to you!**

jié míng xiè xie nǐ hěn gāo xìng rèn shi nǐ
杰明：谢谢你！很高兴**认识**你！

Jamie: Thank you! Nice to **meet** you!

lǐ lì wǒ yě hěn gāo xìng rèn shi nǐ zài jiàn
李丽：我**也**很高兴认识你！**再见**！

Li Li: Nice to meet you **too**! **Goodbye**!

jié míng zài jiàn
杰明：再见！

Jamie: Goodbye!

Learning Tip

nǎ lǐ nǎ lǐ
哪里哪里 literally translates to "where, where," but it is a colloquial term used to show modesty in acknowledging a compliment.

Key Vocabulary

qǐng wèn 请问	v.	excuse me/ may I ask	míng zì 名字	n.	name
xìng 姓	n.	surname	dì yī cì 第一次	n.	first time
xīng qī 星期	n.	week	xuǎn zé 选择	v.	to choose
wèi shén me 为什么	adv.	why	yīn wèi 因为	conj.	because
yǒu míng 有名	adj.	famous	yì bān bān 一般般	adj.	average
dǎ suàn 打算	v.	to plan	nán 难	adj.	hard (difficult)
pīn yīn dǎ zì 拼音打字		type pinyin	xǐ huān 喜欢	v.	to like
wài guó 外国	n.	foreign country	zhù nǐ hǎo yùn 祝你好运	phr.	wish you good luck

STUDY BOOST

Common Greetings

hāi / hēi 嗨 / 嘿!	Hi/Hey!
huānyíng qǐng jìn 欢迎，请进!	Welcome, please come in!
zǎo / zǎo shàng hǎo 早 / 早上好!	Morning/Good morning!
xià wǔ hǎo 下午好!	Good afternoon!
wǎn shàng hǎo 晚上好!	Good evening!
wǎn ān 晚安!	Good night!
hǎo jiǔ bú jiàn 好久不见!	Long time no see!

Chinese Version

杰明：你好！我叫杰明。请问，你叫什么？
李丽：你好！我叫李丽。你是美国人吗？
杰明：不是，我是英国人。
李丽：杰明是你的中文名字吗？
杰明：是的。我的英文名字是Jamie, 姓Green。
李丽：我也有英文名字，叫Lily。
杰明：这是很好的英文名字！
李丽：哪里哪里！你是大学生吗？
杰明：是的。
李丽：这是你第一次来中国吗？
杰明：对，我上个星期才到中国。
李丽：中国很大，你为什么会选择上海？
杰明：因为上海很有名，而且我在上海有很多中国朋友。
李丽：那你的中文怎么样？
杰明：一般般。我在英国学了几年，现在打算在中国再学半年。
李丽：你觉得学中文难吗？
杰明：有一点儿难，特别是写汉字。
李丽：如果你用拼音打字，就不难。
杰明：对！但是我很喜欢练习写汉字，我觉得汉字很美。
李丽：是啊！我的很多外国朋友也这样说。祝你好运！
杰明：谢谢你！很高兴认识你！
李丽：我也很高兴认识你！再见！
杰明：再见！

2 我的朋友，苏飞
wǒ　de　péng　yǒu，sū　fēi

MY FRIEND, SU FEI

jié míng　zǎo shàng hǎo　　lǐ　lì
杰明：**早上好**！李丽。
Jamie: Good **morning**, Li Li!

lǐ　lì　zǎo　jīn tiān zěn me yàng
李丽：早！**今天**怎么样？
Li Li: Morning! How are you **today**?

jié míng　hái kě yǐ　nǐ ne
杰明：还可以！**你呢**？
Jamie: Not bad! **What about you**?

lǐ　lì　jīn tiān yǒu diǎn ér lèi　yīn wèi gōng zuò tài máng le
李丽：今天有点儿**累**，因为**工作太忙**了。
Li Li: I am a bit **tired** today, because my **work** has been too **busy**.

jié míng　nǐ zài nǎ lǐ gōng zuò
杰明：你在**哪里**工作？
Jamie: **Where** do you work?

lǐ　lì　zài zhōng guó yín háng　lí zhè lǐ bù yuǎn　nǐ kàn　nà shì shéi
李丽：在**中国银行**，离这里不**远**。你看，那是**谁**？
Li Li: At the **Bank** of China, not **far** from here. Look, **who**'s that?

jié míng　nà shì sū fēi　shì wǒ de hǎo péng yǒu　sū fēi　wǒ zài zhè ér
杰明：那是苏飞，是我的**好朋友**。苏飞，我在**这儿**。
Jamie: That's Su Fei, my **good friend**. Su Fei, I am **here**.

苏飞走过来...
Su Fei arriving...

杰明：苏飞，这是我的**新朋友**，叫李丽。
Jamie: Su Fei, this is my **new friend**, Li Li.

苏飞：你好！我叫苏飞。
Su Fei: Hello! My name is Su Fei.

李丽：你好！我和杰明**经常**来这里喝**咖啡**，后来就认识了。
Li Li: Hello! Jamie and I **often** come here to drink **coffee**, and we got to know each other.

杰明：是啊！我刚刚在**等**你的时候，又**遇到**李丽了。
Jamie: Indeed! When I was **waiting** for you, I **bumped into** Li Li again.

苏飞：杰明就是个**咖啡大王**！李丽，你也**喜欢**喝咖啡吗？
Su Fei: Jamie is a **coffee lover** (coffee king)! Li Li, do you **like** coffee too?

李丽：一般般，我**更**喜欢喝茶，但是**附近**没有茶馆。
Li Li: Just so so, I like tea **more**, but there is no tea house **nearby**.

苏飞：我也是。**对了**，你是上海人吗？
Su Fei: Me too. **By the way**, are you from Shanghai?

李丽：不是，我是四川人。
Li Li: No, I am from Sichuan.

苏飞：四川很**有名**，川菜也很**好吃**！
Su Fei: Sichuan is very **famous** and Sichuan cuisine is also very **delicious**!

李丽：是啊！你**去过**四川吗？
Li Li: Yes! **Have** you **been to** Sichuan?

sū fēi qù guò wǒ qù le chéng dū zuì xǐ huān nà lǐ de měi shí
苏飞：去过。我**去了**成都，最喜欢那里的**美食**！
Su Fei: Yes. I **went to** Chengdu and really loved the **delicacies** there!

lǐ lì nà nǐ qù chī huǒ guō le ma
李丽：那你去吃**火锅**了吗？
Li Li: So, did you eat **hot pot**?

sū fēi dāng rán qù le sì tiān jiù chī le liǎng cì huǒ guō
苏飞：当然！去了四天就吃了**两次**火锅！
Su Fei: Of course! I ate hot pot **twice** in four days!

jié míng wā kàn lái nǐ shì gè huǒ guō dà wáng
杰明：哇！**看来**，你是个**火锅大王**。
Jamie: Wow! **It seems** that you are a **Hot Pot Lover** (hot pot king).

Learning Tip

dà wáng
大王 literally means "big king," it is a colloquial term used to refer to someone who is a big fan or lover of something.

Key Vocabulary

zěn me yàng 怎么样		how (about)	lèi 累	adj.	tired
máng 忙	adj.	busy	gōng zuò 工作	v. n.	to work / work
yín háng 银行	n.	bank	péng yǒu 朋友	n.	friend
xīn 新	adj.	new	jīng cháng 经常	adj.	often
kā fēi 咖啡	n.	coffee	děng 等	v.	to wait
yù dào 遇到	v.	to encounter	chá guǎn 茶馆	n.	tea house
měi shí 美食	n.	delicacy	hǎo chī 好吃	adj.	delicious
duì le 对了	interj.	similar to "oh yes" or "by the way"	huǒ guō 火锅	n.	hotpot

STUDY BOOST
Common Introductory Phrases

wǒ jiào nǐ ne 我叫[name]，你呢？	My name is [name], what about you?
wǒ jīn nián suì nǐ ne 我今年[number]岁，你呢？	I am [number] years old this year, how about you?
wǒ zài shàng xué 我在[location]上学。	I study at [location].
wǒ zài gōng zuò 我在[location]工作。	I work at [location].
wǒ lái zì zhù zài 我来自[country]，住在[location]。	I come from [country], living in [location].
tā tā shì wǒ de jiào 他/她是我的[role]，叫[name]。	He/She is my [role], named [name].
wǒ jiè shào yí xià zhè shì 我介绍一下，这是[information]。	Let me introduce quickly, this is [information].

Chinese Version

杰明：早上好！李丽。
李丽：早！今天怎么样？
杰明：还可以！你呢？
李丽：今天有点儿累，因为工作太忙了。
杰明：你在哪里工作？
李丽：在中国银行，离这里不远。你看，那是谁？
杰明：那是苏飞，是我的好朋友。苏飞，我在这儿。

苏飞走过来⋯

杰明：苏飞，这是我的新朋友，叫李丽。
苏飞：你好！我叫苏飞。
李丽：你好！我和杰明经常来这里喝咖啡，后来就认识了。
杰明：是啊！我刚刚在等你的时候，又遇到李丽了。
苏飞：杰明就是个咖啡大王！李丽，你也喜欢喝咖啡吗？
李丽：一般般，我更喜欢喝茶，但是附近没有茶馆。
苏飞：我也是。对了，你是上海人吗？
李丽：不是，我是四川人。
苏飞：四川很有名，川菜也很好吃！
李丽：是啊！你去过四川吗？
苏飞：去过。我去了成都，最喜欢那里的美食！
李丽：那你去吃火锅了吗？
苏飞：当然！去了四天就吃了两次火锅！
杰明：哇！看来，你是个火锅大王。

3

wǒ tài máng le

I Am Too Busy

_{sū fēi} _{nǐ xiǎng qù nǎ ér}
苏飞:你**想**去哪儿？
Su Fei: Where do you **want to** go?

_{jié míng} _{wǒ xiǎng qù chāo shì mǎi dōng xi   nǐ yào gēn wǒ qù ma}
杰明:我想去**超市**买东西，你要**跟**我去吗？
Jamie: I want to go to the **supermarket** to buy things, would you like to go **with** me?

_{sū fēi} _{hǎo ba   wǒ yě yào qù mǎi wǔ fàn}
苏飞:好吧，我也要去买**午饭**。
Su Fei: Okay, I want to buy **lunch** too.

_{jié míng} _{jīn tiān máng ma}
杰明:今天**忙**吗？
Jamie: Are you **busy** today?

_{sū fēi} _{tài máng le   yě kuài lèi chéng gǒu le}
苏飞:**太**忙了，也快**累成狗**了！
Su Fei: **Too** busy, and **extremely tired** (as tired as a dog)!

_{jié míng} _{wéi shén me}
杰明:为什么？
Jamie: Why?

_{sū fēi} _{wǒ jīn tiān zǎo shàng cóng bā diǎn jiù kāi shǐ shàng bān   yí huì ér hái yào}
苏飞:我今天早上从八点就开始**上班**，一会儿还要
_{huí bàn gōng shì kāi huì}
回**办公室**开会。

Su Fei: I started **working** at 8 o'clock this morning, and have to go back to the **office** for a meeting later.

杰明：你怎么**那么早**上班？
jié míng nǐ zěn me nà me zǎo shàng bān

Jamie: Why did you start work **so early**?

苏飞：今天的**工作**太多了，**怕**做不完。
sū fēi jīn tiān de gōng zuò tài duō le pà zuò bu wán

Su Fei: I have too much **work** today and I'm **afraid** I cannot finish it.

杰明：为什么**担心**做不完？
jié míng wéi shén me dān xīn zuò bu wán

Jamie: Why do you **worry** about it?

苏飞：因为，今天**下午**，**经理**要和我们**开会**，要开三个小时。
sū fēi yīn wèi jīn tiān xià wǔ jīng lǐ yào hé wǒ men kāi huì yào kāi sān gè xiǎo shí

Su Fei: Because, this **afternoon** the **manager** will **have a meeting** with us, for 3 **hours**.

杰明：**那么长时间**！你们经理是个**话多**的人吗？
jié míng nà me cháng shí jiān nǐ men jīng lǐ shì gè huà duō de rén ma

Jamie: Such a long **time**! Is your manager a **talkative** person?

苏飞：当然！**而且**总是说一些**没用**的话！
sū fēi dāng rán ér qiě zǒng shì shuō yì xiē méi yòng de huà

Su Fei: Of course! **Plus** always speaks **useless** things!

杰明：**如果**他**浪费**你们的时间，就是个**没用**的经理。
jié míng rú guǒ tā làng fèi nǐ men de shí jiān jiù shì gè méi yòng de jīng lǐ

Jamie: **If** he **wastes** your time, he is a **useless** manager.

苏飞：是啊！很多**同事**也说他没用！
sū fēi shì a hěn duō tóng shì yě shuō tā méi yòng

Su Fei: Indeed! Many **colleagues** also say he is useless!

杰明：那你们**经常**和经理开会吗？
jié míng nà nǐ men jīng cháng hé jīng lǐ kāi huì ma

Jamie: Do you **often** have meetings with the manager?

苏飞：嗯，**一周一次**，**一般**是星期二下午。
sū fēi ńg yì zhōu yí cì yì bān shì xīng qī èr xià wǔ

Su Fei: Well, **once a week**, **usually** on Tuesday afternoon.

杰明：唉！你真**倒霉**！那你今天**什么时候**下班。
jié míng āi nǐ zhēn dǎo méi nà nǐ jīn tiān shén me shí hòu xià bān

Jamie: Ugh! You are so **unlucky**! Then **when** will you finish work today?

苏飞：我也不知道，**可能**是七点。
sū fēi wǒ yě bù zhī dào kě néng shì qī diǎn

Su Fei: I don't know, **maybe** seven o'clock.

杰明：那我七点去你的**公司**门口**等**你，我们一起吃**晚饭**，好吗？
jié míng nà wǒ qī diǎn qù nǐ de gōng sī mén kǒu děng nǐ wǒ men yì qǐ chī wǎn fàn hǎo ma

Jamie: Then I will go to your **company** gate to **wait for** you at seven o'clock. Let's have **dinner** together, OK?

苏飞：好。我想吃**炒饭**，你呢？
sū fēi hǎo wǒ xiǎng chī chǎo fàn nǐ ne

Su Fei: OK. I want to eat **fried rice**, what about you?

杰明：我也想吃炒饭。
jié míng wǒ yě xiǎng chī chǎo fàn

Jamie: Me too.

Learning Tip

累成狗 means "as tired as a dog." This commonly used slang expression evokes the image of an exhausted dog lying on the ground with mouth wide open, tongue out, and panting heavily.
lèi chéng gǒu

Key Vocabulary

nǎ ér 哪儿	pro.	where	chāo shì 超市	n.	supermarket
shàng bān 上班	v.	to go to work/ start work	xià bān 下班	v.	to get off work/ finish work
bàn gōng shì 办公室	n.	office	nà me 那么	pro.	so
pà 怕	adj. v.	afraid to fear	dān xīn 担心	adj. v.	worried to worry
jīng lǐ 经理	n.	manager	kāi huì 开会	v.	to have a meeting
rú guǒ 如果	conj.	if/in case	méi yòng 没用	adj.	useless
làng fèi 浪费	v.	to waste	tóng shì 同事	n.	colleague
dǎo méi 倒霉	adj.	unlucky	wǔ fàn 午饭	n.	lunch
gōng sī 公司	n.	company	chǎo fàn 炒饭	n.	fried rice
kě néng 可能	adv.	possibly	wǎn fàn 晚饭	n.	dinner

STUDY BOOST
Encouraging and Comforting Phrases

bié dān xīn 别担心！	Don't worry!
bié zháo jí 别着急！	Don't rush! / Don't be anxious!
nǐ kě yǐ de 你可以的。	You can do it.
fàng xīn ba bú huì yǒu shì 放心吧，不会有事。	Rest assured, everything will be fine.
shàng dì bǎo yòu nǐ 上帝保佑你！	God bless you!
yí qiè dōu huì hǎo de 一切都会好的。	Everything will be alright.
wǒ zài zhè lǐ péi zhe nǐ 我在这里陪着你。	I am here with you.

Chinese Version

苏 飞：你想去哪儿？
杰 明：我想去超市买东西，你要跟我去吗？
苏 飞：好吧，我也要去买午饭。
杰 明：今天忙吗？
苏 飞：太忙了，也快累成狗了！
杰 明：为什么？
苏 飞：我今天早上从八点就开始上班，一会儿还要回办公室开会。
杰 明：你怎么那么早上班？
苏 飞：今天的工作太多了，怕做不完。
杰 明：为什么担心做不完？
苏 飞：因为，今天下午，经理要和我们开会，要开三个小时。
杰 明：那么长时间！你们经理是个话多的人吗？
苏 飞：当然！而且总是说一些没用的话！
杰 明：如果他浪费你们的时间，就是个没用的经理。
苏 飞：是啊！很多同事也说他没用！
杰 明：那你们经常和经理开会吗？
苏 飞：嗯，一周一次，一般是星期二下午。
杰 明：唉！你真倒霉！那你今天什么时候下班。
苏 飞：我也不知道，可能是七点。
杰 明：那我七点去你的公司门口等你，我们一起吃晚饭，好吗？
苏 飞：好。我想吃炒饭，你呢？
杰 明：我也想吃炒饭。

4 我可以加你微信吗?
wǒ kě yǐ jiā nǐ wēi xìn ma
May I Add You on WeChat?

苏飞：嗨！李丽，我们又见面了！
sū fēi hāi lǐ lì wǒ men yòu jiàn miàn le
Su Fei: **Hi**! Li Li, we **meet** again!

李丽：苏飞！真的是你。
lǐ lì sū fēi zhēn de shì nǐ
Li Li: Su Fei! It **really** is you.

苏飞：是啊！我们上星期五在咖啡馆见过。
sū fēi shì a wǒ men shàng xīng qī wǔ zài kā fēi guǎn jiàn guò
Su Fei: Yes! We met in the cafe **last Friday**.

李丽：你也在这附近上班吗？
lǐ lì nǐ yě zài zhè fù jìn shàng bān ma
Li Li: Do you also work **nearby**?

苏飞：对！你看，就在中国银行旁边的那座楼。
sū fēi duì nǐ kàn jiù zài zhōng guó yín háng páng biān de nà zuò lóu
Su Fei: Yes! You see, that **building** next to the **Bank of China**.

李丽：真的吗？我就在中国银行上班。
lǐ lì zhēn de ma wǒ jiù zài zhōng guó yín háng shàng bān
Li Li: Really? I am working at the **Bank of China**.

苏飞：哇！太巧了！我在这里工作半年了，怎么没见过你？
sū fēi wā tài qiǎo le wǒ zài zhè lǐ gōng zuò bàn nián le zěn me méi jiàn guò nǐ

Su Fei: Wow! **What a coincidence**! I have been working here for half a year, **why** haven't I seen you?

李丽：是这样的，我上个月才来银行工作。
Li Li: **Well**, I only came to work in the bank **last month**.

苏飞：啊！看来，如果没有杰明，我们也很可能会遇到。
Su Fei: Ah! **It seems** even without Jamie, we are **likely to** encounter one another anyway.

李丽：没错！那你认识杰明多久了？
Li Li: That's right! So, **how long** have you known Jamie?

苏飞：嗯，快一年了。我们在英国的时候就认识了。
Su Fei: Um, **almost** a year. We met when we were in the **UK**.

李丽：真好！对了，我可以加你微信吗？
Li Li: That's great! **By the way**, may I add your **WeChat**?

苏飞：当然可以！我的微信号是Sophie93。
Su Fei: Of course! My **WeChat ID** is Sophie93.

李丽：好的，加上了。
Li Li: OK, just added.

苏飞：你的微信头像真有意思。
Su Fei: Your WeChat **profile picture** is really **interesting**.

李丽：嗯，这是我和我小狗的照片。
Li Li: Well, this is a **photo** of me and my little dog.

苏飞：它真可爱！明天中午你有时间吗？我们可以一起去吃午饭。
Su Fei: He is so **cute**! Will you have time **midday tomorrow**? We can go to have lunch **together**.

李丽：可以啊！我中午一般12点休息，你呢？
Li Li: Yes! I usually **have a break** at 12 noon, what about you?

sū fēi　wǒ yě shì
苏飞：我也是。
Su Fei: Me too.

lǐ lì　nà wǒ men míng tiān　　diǎn zài yín háng mén kǒu jiàn miàn ba
李丽：那我们明天12点在银行门口见面吧。
Li Li: Let's meet at the **gate** of the bank at 12:00 tomorrow.

sū fēi　kě yǐ　wǒ zhī dào yì jiā hěn bàng de miànguǎn　wǒ dài nǐ qù
苏飞：可以！我知道一家很棒的面馆，我带你去。
Su Fei: Great! I **know** a **great** noodle restaurant; I will **take** you there.

lǐ lì　hǎo de　míng tiān jiàn
李丽：好的！明天见！
Li Li: Okay! see you **tomorrow**!

sū fēi　míng tiān jiàn
苏飞：明天见！
Su Fei: See you!

Learning Tip

wēi xìn
微信 is a hugely popular smartphone app, known internationally as WeChat.

Originally an instant messaging app, it has now evolved into a multipurpose app impacting and shaping almost every aspect of life in China. From instant messaging, social media functions, and gaming, to payment for everyday items (paying for rent, buying groceries, booking train tickets, almost anything can be paid for).

xiǎo chéng xù
The addition of 小程序 (mini apps) has expanded WeChat's functionality and impact further.

Key Vocabulary

hāi 嗨	*interj.*	hi / hey	jiàn miàn 见面	*v.*	to meet
zhēn 真	*adv.*	really	kā fēi guǎn 咖啡馆	*n.*	cafe
fù jìn 附近	*n.*	nearby	lóu 楼	*n.*	building
yuè 月	*n.*	month	kàn lái 看来	*adv.*	seem
duō jiǔ 多久		how long	kuài 快	*adv.* / *adj.*	almost / fast
wēi xìn 微信	*n.*	WeChat	tóu xiàng 头像	*n.*	profile picture
zhào piàn 照片	*n.*	photo	kě ài 可爱	*adj.*	cute
shí jiān 时间	*n.*	time	xiū xi 休息	*v.*	to rest
mén kǒu 门口	*n.*	gate	bàng 棒	*adj.*	great

STUDY BOOST

Making Friends

nǐ de shǒu jī hào mǎ shì duō shǎo 你的手机号码是多少？	What is your phone number?
wǒ men jiā wēi xìn ba 我们加微信吧。	Let's add each other on WeChat.
zhè zhōu mò yǒu shí jiān ma 这周末有时间吗？	Do you have time this weekend?
shén me shí hòu yǒu kòng 什么时候有空？	When will you be free?
yì qǐ chī wǎn fàn zěn me yàng 一起吃晚饭，怎么样？	How about having dinner together?
wǒ qǐng nǐ hē kā fēi ba 我请你喝咖啡吧。	Let me treat you to a coffee.
zài jiàn bǎo chí lián xì 再见，保持联系！	Goodbye, keep in touch!

Chinese Version

苏飞：嗨！李丽，我们又见面了！
李丽：苏飞！真的是你。
苏飞：是啊！我们上星期五在咖啡馆见过。
李丽：你也在这附近上班吗？
苏飞：对！你看，就在中国银行旁边的那座楼。
李丽：真的吗？我就在中国银行上班。
苏飞：哇！太巧了！我在这里工作半年了，怎么没见过你？
李丽：是这样的，我上个月才来银行工作。
苏飞：啊！看来，如果没有杰明，我们也很可能会遇到。
李丽：没错！那你认识杰明多久了？
苏飞：嗯，快一年了。我们在英国的时候就认识了。
李丽：真好！对了，我可以加你微信吗？
苏飞：当然可以！我的微信号是Sophie93。
李丽：好的，加上了。
苏飞：你的微信头像真有意思。
李丽：嗯，这是我和我小狗的照片。
苏飞：它真可爱！明天中午你有时间吗？我们可以一起去吃午饭。
李丽：可以啊！我中午一般12点休息，你呢？
苏飞：我也是。
李丽：那我们明天12点在银行门口见面吧。
苏飞：可以！我知道一家很棒的面馆，我带你去。
李丽：好的！明天见！
苏飞：明天见！

5

我的兄弟姐妹
wǒ de xiōng dì jiě mèi

MY SIBLINGS

jié míng　lǐ　lì　　zuì jìn zěn me yàng
杰明：李丽，**最近怎么样**？
Jamie: Li Li, how are you **recently**?

lǐ　lì　　hái bú cuò　　nǐ　ne
李丽：**还不错**！你呢？
Li Li: **Not bad**! How about you?

jié míng　fēi cháng hǎo　　yě　fēi cháng kāi xīn　　yīn wèi wǒ mā ma huì lái kàn wǒ
杰明：非常好，也非常**开心**！**因为**我妈妈会来**看**我。
Jamie: Very good and very **happy**! **Because** my mum will come to **see** me.

lǐ　lì　　tài hǎo le　　tā shén me shí hòu dào
李丽：太好了！她什么时候**到**？
Li Li: Great! When will she **arrive**?

jié míng　tā xià xīng qī wǔ zǎo shàng dào　　wǒ hé sū fēi huì qù fēi jī chǎng jiē tā
杰明：她**下星期五**早上到，我和苏飞会去**飞机场**接她。
Jamie: She will arrive **next Friday** morning, Su Fei and I will pick her up at the **airport**.

lǐ　lì　　nǐ bà ba ne　　yě huì yì qǐ lái ma
李丽：你爸爸呢？也会**一起**来吗？
Li Li: What about your dad? Will he come **together** as well?

jié míng　bú huì　　wǒ bà ba de gōng zuò hěn máng　　lái bu liǎo
杰明：不会，我爸爸的工作很忙，**来不了**。
Jamie: No, my dad is very busy at work, he **can't come**.

25

李丽： 对了，你有**兄弟姐妹**吗？
Li Li: By the way, do you have any **siblings**?

杰明： 我有一个**姐姐**和两个**哥哥**。你呢？
Jamie: I have one **older sister** and two **older brothers**. What about you?

李丽： 我有一个**弟弟**，在上学。
Li Li: I have a **younger brother** in school.

杰明： 他**多大**？
Jamie: **How old** is he?

李丽： 17岁了。你看，这是他的**照片**！
Li Li: 17 years old. Look, this is his **picture**!

杰明： 嗯，你弟弟**看上去**很**帅**！
Jamie: Well, your brother **looks** very **handsome**!

李丽： 你的姐姐和哥哥呢？
Li Li: What about your sister and brothers?

杰明： 他们**都**工作了。我的姐姐是**律师**，两个哥哥都是**电脑工程师**。
Jamie: They are **all** working. My older sister is a **lawyer**, and my two older brothers are **computer engineers**.

李丽： 真**酷**！对了，你妈妈**今年**多大？
Li Li: That's **cool**! By the way, how old is your mum **this year**?

杰明： 我妈妈今年五十三岁。
Jamie: My mum is 53 this year.

李丽： 她**以前**来过中国吗？
Li Li: Has she been to China **before**?

杰明： 没有。这是**第一次**！所以她非常**激动**！
Jamie: No. This is the **first time**! So, she is very **excited**!

lǐ lì tài hǎo le zhù nǐ men wán de kāi xīn
李丽：太好了！祝你们**玩得开心**！
Li Li: Great! May you **have a great time**!

jié míng xiè xie nǐ
杰明：谢谢你！
Jamie: Thank you!

Key and Supplementary Vocabulary

zuì jìn 最近	*n.*	recently	kāi xīn 开心	*adj.*	happy
kàn 看	*v.*	to see/visit	dào 到	*v.*	to arrive
xià 下	*n.*	next	fēi jī chǎng 飞机场	*n.*	airport
duō dà 多大		how old?	shuài 帅	*adj.*	handsome
lǜ shī 律师	*n.*	lawyer	diàn nǎo 电脑	*n.*	computer
gōngchéng shī 工程师	*n.*	engineer	kù 酷	*adj.*	cool
yǐ qián 以前	*n.*	before	jī dòng 激动	*adj.*	excited
yì qǐ 一起	*adv.*	together	xiōng dì jiě mèi 兄弟姐妹	*n.*	siblings
gē ge 哥哥	*n.*	older brother	dì di 弟弟	*n.*	younger brother
jiě jie 姐姐	*n.*	older sister	mèi mei 妹妹	*n.*	younger sister
nán péng yǒu 男朋友	*n.*	boyfriend	nǚ péng yǒu 女朋友	*n.*	girlfriend
lǎo gōng 老公	*n.*	husband	lǎo pó 老婆	*n.*	wife
nǚ ér 女儿	*n.*	daughter	ér zi 儿子	*n.*	son

Chinese Version

杰明：李丽，最近怎么样？
李丽：还不错！你呢？
杰明：非常好，也非常开心！因为我妈妈会来看我。
李丽：太好了！她什么时候到？
杰明：她下星期五早上到，我和苏飞会去飞机场接她。
李丽：你爸爸呢？也会一起来吗？
杰明：不会，我爸爸的工作很忙，来不了。
李丽：对了，你有兄弟姐妹吗？
杰明：我有一个姐姐和两个哥哥。你呢？
李丽：我有一个弟弟，在上学。
杰明：他多大？
李丽：17岁了。你看，这是他的照片！
杰明：嗯，你弟弟看上去很帅！
李丽：你的姐姐和哥哥呢？
杰明：他们都工作了。我的姐姐是律师，两个哥哥都是电脑工程师。
李丽：真酷！对了，你妈妈今年多大？
杰明：我妈妈今年53岁。
李丽：她以前来过中国吗？
杰明：没有。这是第一次！所以她非常激动！
李丽：太好了！祝你们玩得开心！
杰明：谢谢你！

6 去沃尔玛购物
qù wǒ ěr mǎ gòu wù
SHOPPING IN WALMART

苏飞：你看，前面就是**沃尔玛**超市。
sū fēi: nǐ kàn, qiánmiàn jiù shì wò ěr mǎ chāo shì

Su Fei: Look, **Walmart** is right ahead.

杰明：哇！这个**超市**真大。
jié míng: wā! zhè gè chāo shì zhēn dà

Jamie: Wow! This **supermarket** is really big.

苏飞：当然！很多人都喜欢在沃尔玛**买东西**，很**方便**、**选择**也多。
sū fēi: dāng rán! hěn duō rén dōu xǐ huān zài wò ěr mǎ mǎi dōng xi, hěn fāng biàn, xuǎn zé yě duō

Su Fei: Of course! Many people like to **buy things** at Walmart, it's very **convenient** and has a wide range of **choices**.

杰明：看来，沃尔玛很**有名**！
jié míng: kàn lái, wò ěr mǎ hěn yǒu míng

Jamie: It looks like Walmart is very **famous**!

苏飞：嗯！这里的东西也**不错**，我每个**周末**都会来这里**买菜**。
sū fēi: ǹg! zhè lǐ de dōng xi yě bú cuò, wǒ měi gè zhōu mò dōu huì lái zhè lǐ mǎi cài

Su Fei: Well! Things here are also **good**, I come here every **weekend** to buy **groceries**.

杰明：今天人很多，好像有点儿**挤**！
jié míng: jīn tiān rén hěn duō, hǎo xiàng yǒu diǎn ér jǐ

Jamie: So many people here today, looks a bit **crowded**!

苏飞：是啊！周末**买菜**都挤。
sū fēi: shì ā, zhōu mò mǎi cài dōu jǐ
Su Fei: Indeed! **Grocery shopping** on weekends is always like this.

杰明：我**要**买很多东西—**蔬菜**，水果和肉。
jié míng: wǒ yào mǎi hěn duō dōng xi — shū cài, shuǐ guǒ hé ròu
Jamie: I **want to** buy a lot of things - **vegetables**, fruits, and meat.

苏飞：**这里**有香蕉、苹果、橘子和葡萄。
sū fēi: zhè lǐ yǒu xiāng jiāo, píng guǒ, jú zi hé pú tao
Su Fei: Here are bananas, apples, oranges, and grapes.

杰明：对了，香蕉和葡萄**多少钱**一斤？
jié míng: duì le, xiāng jiāo hé pú tao duō shǎo qián yì jīn
Jamie: By the way, **how much** are bananas and grapes per catty?

苏飞：我**看一看**，香蕉5块钱**一斤**，葡萄18块钱一斤。
sū fēi: wǒ kàn yi kàn, xiāng jiāo 5 kuài qián yì jīn, pú tao 18 kuài qián yì jīn
Su Fei: Let me **take a look**. Bananas are 5 Yuan **per catty** and grapes are 18 Yuan per catty.

杰明：看来，香蕉很**便宜**，葡萄有点儿**贵**。
jié míng: kàn lái, xiāng jiāo hěn pián yi, pú tao yǒu diǎn ér guì
Jamie: It seems bananas are very **cheap**, and grapes are a bit **expensive**.

苏飞：你要买**哪些**蔬菜？
sū fēi: nǐ yào mǎi nǎ xiē shū cài
Su Fei: Which vegetables do you want to buy?

杰明：我要买**白菜**、土豆、西红柿和**西兰花**。
jié míng: wǒ yào mǎi bái cài, tǔ dòu, xī hóng shì hé xī lán huā
Jamie: I want to buy **cabbage**, potatoes, tomatoes, and **broccoli**.

苏飞：还有吗？
sū fēi: hái yǒu ma
Su Fei: Anything else?

杰明：**还有**面包、猪肉、牛肉、鸡蛋和鱼。
jié míng: hái yǒu miàn bāo, zhū ròu, niú ròu, jī dàn hé yú
Jamie: Also, bread, pork, beef, eggs, and fish.

苏飞：东西都在**前面**，我们**过去**吧。
sū fēi: dōng xi dōu zài qián miàn, wǒ men guò qù ba
Su Fei: Everything is **ahead**, let's **go over**.

十分钟后…
shí fēn zhōng hòu
10 minutes later...

jié míng dōu mǎi hǎo le
杰明：都买好了！
Jamie: I bought it all!

sū fēi zhè shì zì zhù fù kuǎn jī nǐ kě yǐ yòng shǒu jī sǎo mǎ fù kuǎn
苏飞：这是**自助付款机**，你可以**用**手机**扫码**付款。
Su Fei: This is a **self-check-out machine**. You can **use** mobile phone to **scan the QR code** to pay.

jié míng hǎo de yí gòng cái kuài qián bú guì
杰明：好的。**一共才** 120 **块钱**，不**贵**！
Jamie: Okay. **A total of** only 120 Yuan, not **expensive**!

sū fēi shì a bǐ yīng guó de pián yi duō le
苏飞：是啊，比英国的**便宜多了**！
Su Fei: Indeed, **much cheaper** than the UK!

jié míng ǹg xiè xie nǐ bāng wǒ
杰明：嗯，谢谢你**帮**我！
Jamie: True, thank you for **helping** me!

sū fēi bú kè qi
苏飞：不客气！
Su Fei: You're welcome!

Learning Tip

jīn
斤 is a standard measurement of weight in China. It is sometimes translated to English as "catty" and is equivalent to 600g or approximately 21 ounces.

Culture Corner

In recent years it has become far less common for people to use cash in China. Whether in markets, shops, or even vending machines, people tend to use mobile apps such as WeChat to make payments often by scanning a QR code.

Key Vocabulary

wò ěr mǎ 沃尔玛	n.	Walmart	chāo shì 超市	n.	supermarket	
fāng biàn 方便	adj.	convenient	xuǎn zé 选择	v. n.	to choose / choice	
kàn lái 看来	adv.	seem	zhōu mò 周末	n.	weekend	
mǎi cài 买菜	vp.	to buy groceries	jǐ 挤	adj.	crowded	
shū cài 蔬菜	n.	vegetables	duō shǎo qián 多少钱		how much	
pián yi 便宜	adj.	cheap	guì 贵	adj.	expensive	
zì zhù fù kuǎn jī 自助付款机	n.	self-checkout machine	cái 才	adv.	only	
sǎo mǎ 扫码	vp.	to scan a code (e.g. QR, bar-code)	bāng 帮	v.	to help	

Study Boost

Shopping

wǒ suí biàn kàn kan 我随便看看。	I'm just looking around.
zhè ge duō shǎo qián 这个多少钱？	How much is this?
kě yǐ yòng xiàn jīn ma 可以用现金吗？	Can I pay with cash?
kě yǐ yòng xìn yòng kǎ ma 可以用信用卡吗？	Can I pay with a credit card?
nǐ men yǒu huì yuán kǎ ma 你们有会员卡吗？	Do you have a membership card?
qǐng bāng wǒ bāo qǐ lái 请帮我包起来。	Please wrap this up for me.
wǒ yào tuì huò 我要退货。	I want to return this.

Chinese Version

苏飞：你看，前面就是沃尔玛超市。
杰明：哇！这个超市真大。
苏飞：当然！很多人都喜欢在沃尔玛买东西，很方便、选择也多。
杰明：看来，沃尔玛很有名！
苏飞：嗯！这里的东西也不错，我每个周末都会来这里买菜。
杰明：今天人很多，好像有点儿挤！
苏飞：是啊！周末买菜都挤。
杰明：我要买很多东西—蔬菜，水果和肉。
苏飞：这里有香蕉、苹果、橘子和葡萄。
杰明：对了，香蕉和葡萄多少钱一斤？
苏飞：我看一看，香蕉5块钱一斤，葡萄18块钱一斤。
杰明：看来，香蕉很便宜，葡萄有点儿贵。
苏飞：你要买哪些蔬菜？
杰明：我要买白菜、土豆、西红柿和西兰花。
苏飞：还有吗？
杰明：还有面包、猪肉、牛肉、鸡蛋和鱼。
苏飞：东西都在前面，我们过去吧。

10分钟后…

杰明：都买好了！
苏飞：这是自助付款机，你可以用手机扫码付款。
杰明：好的。一共才120块钱，不贵！
苏飞：是啊，比英国的便宜多了！
杰明：嗯，谢谢你帮我！
苏飞：不客气！

7 去饭馆
qù fàn guǎn
GOING TO THE RESTAURANT

sū fēi　jiù shì zhè jiā fàn guǎn　wǒ men jìn qù ba
苏飞：就是这家**饭馆**，我们**进去**吧。
Su Fei: This is the **restaurant**, let's **go in**.

jié míng　hǎo a
杰明：好啊！
Jamie: Okay!

fú wù yuán　huān yíng　qǐng wèn jǐ wèi
服务员：**欢迎**，请问几位？
Waitress: **Welcome**, how many of you?

sū fēi　jiù wǒ men liǎng gè rén
苏飞：**就**我们两个人。
Su Fei: **Just** the two of us.

fú wù yuán　hǎo de　qǐng jìn　liǎng wèi qǐng zuò　zhè shì cài dān
服务员：好的，**请进**！两位**请坐**！这是**菜单**。
Waitress: Okay, **come in**! Please **take a seat**. This is the **menu**.

jié míng　xiè xie　wǒ kàn yi kàn　wǒ yào yì pán běi jīng kǎo yā hé yì wǎn chǎo fàn
杰明：谢谢！我**看一看**。我要一**盘北京烤鸭**和一**碗炒饭**。
Jamie: Thank you! Let me **take a look**. I want a plate of **Peking duck** and a bowl of **fried rice**.

苏飞：我要一份**宫爆鸡丁**和一份**西红柿炒鸡蛋**。
Su Fei: I want a portion of **Gong Bao Chicken** and a portion of **Scrambled Eggs with Tomatoes**.

十分钟后……
10 minutes later……

服务员：好的！请问你们要**喝**什么吗？
Waitress: Okay! What would you like to **drink**?

杰明：我要一杯**绿茶**。
Jamie: I want a cup of **green tea**.

苏飞：我要一瓶**可乐**。
Su Fei: I want a bottle of **cola**.

服务员：好的！请**稍等**。
Waitress: OK! Please **wait a moment**.

服务员：这是你们的菜，**请慢用**！
Waitress: Here are your dishes, **please enjoy** (use slowly)!

苏飞：好的，谢谢！
Su Fei: OK, thank you!

杰明：啊！**这些**菜看上去**真不错**，我要**全部**吃完！
Jamie: Ah! **These** dishes look **so good**, I want to eat them **all**!

苏飞：你真是个**吃货**！
Su Fei: You are such a **foodie**!

杰明：对，我就是个大吃货！
Jamie: Yes, I am a super foodie!

苏飞：这有**一双筷子**，你会**用**吗？
Su Fei: Here are **a pair of chopsticks**, can you **use** them?

杰明：不会，但是我要**试一试**。现在在中国，我**一定**要学会用**筷子**。

Jamie: No, but I want to **try** it. Now I am in China, I **must** learn to use **chopsticks**.

三十分钟后...

After 30 minutes...

杰明：真**好吃**！服务员，我要**买单**。

Jamie: It's so **delicious**! Waitress, I want to **pay the bill**.

服务员：**先生**，**一共**80**块钱**！

Waitress: Sir, **in total** 80 Yuan, please!

杰明：嗯，我**用微信付**吧。

Jamie: OK, I will **pay by WeChat**.

服务员：可以，请在这里**扫码**！

Waitress: Of course, please **scan the code** here!

杰明：好的。

Jamie: All right.

服务员：谢谢！欢迎**下次**再来。

Waitress: Thank you! See you **next time**.

Learning Tip

吃货 literally means "eating goods" it is a slang term meaning "foodie" and as you might expect it is used to describe someone who loves eating a lot.

Key Vocabulary

fàn guǎn 饭馆	n.	restaurant		huānyíng 欢迎	v.	to welcome
cài dān 菜单	n.	menu		lǜ chá 绿茶	n.	green tea
mǎi dān 买单	v.	to pay the bill		cài 菜	n.	dish
bú cuò 不错	adj.	very good		quán bù 全部	adj.	all
yì shuāng 一双		a pair of		kuài zi 筷子	n.	chopsticks
dàn shì 但是	conj.	but		xiàn zài 现在	n.	now
yí dìng 一定	adv.	must		hǎo chī 好吃	adj.	delicious
kě lè 可乐	n.	cola		yí gòng 一共	adv.	in total

STUDY BOOST

Dining Out

nǐ tuī jiàn shén me cài 你推荐什么菜？	What dishes do you recommend?
qǐng gěi wǒ zhàng dān 请给我账单。	Please give me the bill (sheet).
wǒ yào mǎi dān / jié zhàng 我要买单/结账。	I want to pay the bill.
wǒ men kě yǐ diǎn cài le 我们可以点菜了。	We are ready to order (dishes).
kě yǐ shuā kǎ ma 可以刷卡吗？	Can I pay by card?
kě yǐ yòng wēi xìn / zhī fù bǎo ma 可以用微信/支付宝吗？	Can I use WeChat Pay/Alipay?
wǒ yào dǎ bāo shèng xià de cài 我要打包剩下的菜。	I want to pack the leftovers.

Chinese Version

苏 飞：就是这家饭馆，我们进去吧。
杰 明：好啊！
服务员：欢迎，请问几位？
苏 飞：就我们两个人。
服务员：好的，请进！两位请坐！这是菜单。
杰 明：谢谢！我看一看。我要一盘北京烤鸭和一碗炒饭。
苏 飞：我要一份宫爆鸡丁和一份西红柿炒鸡蛋。
服务员：好的！请问你们要喝什么吗？
杰 明：我要一杯绿茶。
苏 飞：我要一瓶可乐。
服务员：好的！请稍等。

10分钟后...

服务员：这是你们的菜，请慢用！
苏 飞：好的，谢谢！
杰 明：啊！这些菜看上去真不错，我要全部吃完！
苏 飞：你真是个吃货！
杰 明：对，我就是个大吃货！
苏 飞：这有一双筷子，你会用吗？
杰 明：不会，但是我要试一试。现在在中国，我一定要学会用筷子。

30分钟后...

杰 明：真好吃！服务员，我要买单。
服务员：先生，一共80块钱！
杰 明：嗯，我用微信付吧。
服务员：可以，请在这里扫码！
杰 明：好的。
服务员：谢谢！欢迎下次再来。

8 点外卖
diǎn wài mài
ORDERING A TAKEAWAY

苏飞：我觉得好饿！可是不想做饭。
sū fēi: wǒ jué de hǎo è! kě shì bù xiǎng zuò fàn
Su Fei: I feel so **hungry**! But I don't want to **cook**.

杰明：我也是，感觉今天特别懒！
jié míng: wǒ yě shì, gǎn jué jīn tiān tè bié lǎn
Jamie: Me too, I **feel** especially **lazy** today!

苏飞：要不，我们点外卖吧！
sū fēi: yào bù, wǒ men diǎn wài mài ba
Su Fei: Maybe, let's order **takeaway**!

杰明：好主意！
jié míng: hǎo zhǔ yi
Jamie: Good idea!

苏飞：你知道怎么点外卖吗？
sū fēi: nǐ zhī dào zěn me diǎn wài mài ma
Su Fei: Do you know **how to** order takeaway?

杰明：还不知道，你告诉我怎么点吧。
jié míng: hái bù zhī dào, nǐ gào sù wǒ zěn me diǎn ba
Jamie: Not **yet**. **Tell** me how to do it.

苏飞：你用手机就可以点。下载外卖的手机程序"美团外卖"，在上面点。
sū fēi: nǐ yòng shǒu jī jiù kě yǐ diǎn. xià zǎi wài mài de shǒu jī chéng xù "měi tuán wài mài", zài shàngmiàn diǎn

Su Fei: You can order with your **mobile**. **Download** the takeaway mobile **app** "Meituan Waimai" to order it.

jié míng hǎo de wǒ xiàn zài jiù xià zǎi
杰明：好的，我现在就下载！
Jamie: Okay, I will download it **now**!

sū fēi měi tuán shàng yǒu hěn duō fàn guǎn kě yǐ xuǎn zé yě yǒu hěn duō yòu hǎo
苏飞："美团"**上有很多饭馆可以选择，也有很多又好**
chī yòu pián yi de fàn cài
吃又便宜的饭菜。
Su Fei: There are many **restaurants** on "Meituan" **to choose from**, and there are also many **delicious** and cheap **dishes**.

jié míng jiù shì shuō wǒ xiǎng chī shén me jiù diǎn shén me ma
杰明：就是说，我想吃什么，就点什么吗？
Jamie: **So you're saying** that I can **order whatever** I want to eat?

sū fēi duì diǎn wán hòu jiù huì yǒu sòng cān rén yuán bǎ fàn cài sòng dào nǐ jiā
苏飞：对！点完后，就会有送餐人员把饭菜送到你家。
Su Fei: Yes! **After** ordering, a **delivery person** will deliver the food to your **home**.

jié míng tài bàng le wǒ xiàn zài jiù diǎn yì wǎn miàn hé yì píng kě lè
杰明：太棒了！我现在就点一碗面和一瓶可乐。
Jamie: That's great! I will order **a bowl of noodles** and **a bottle of coke** now.

sū fēi wǒ yě lái diǎn
苏飞：我也来点。
Su Fei: Let me order it too.

jié míng nǐ diǎn le shén me
杰明：你点了什么？
Jamie: What did you order?

sū fēi wǒ diǎn le yì wǎn niú ròu fàn hé yì bēi suān nǎi
苏飞：我点了一碗牛肉饭和一杯酸奶。
Su Fei: **A bowl of beef rice** and **a cup of yogurt**.

jié míng hǎo le nà xiàn zài wǒ men jiù děng sòng cān rén yuán ba duì le huì
杰明：好了！那现在我们就等送餐人员吧！对了，会
děng duō jiǔ
等多久？
Jamie: Alright! Then let's wait for the **delivery person** now. **By the way**, how long do we have to wait?

sū fēi fàng xīn chà bu duō fēn zhōng jiù huì sòng dào
苏飞：放心！差不多20分钟就会送到。
Su Fei: Don't worry! It'll be **about** 20 **minutes**.

杰明：太好了！这个**程序**真**方便**！
Jamie: That's great! This **app** is so **convenient**!

苏飞：当然！现在**大家**都用。
Su Fei: Of course! **Everyone** is using it now.

杰明：对了，你**经常**点外卖吗？
Jamie: By the way, do you **often** order takeaways?

苏飞：不经常，每两星期**一次**。
Su Fei: Not often, **once** every two weeks.

Culture Corner

美团外卖 is a popular app for ordering takeaway food in China. Not only can you order food but you also order other commodities for fast delivery

Key Vocabulary

è 饿	adj.	hungry		lǎn 懒	adj.	lazy	
diǎn 点	v.	to order		wài mài 外卖	n.	takeaway	
zěn me 怎么	pro.	how		gào sù 告诉	v.	to tell	
shǒu jī 手机	n.	mobile		chéng xù 程序	n.	app	
sòng cān rén yuán 送餐人员	n.	food delivery staff		yì wǎn 一碗		a bowl of	
suān nǎi 酸奶	n.	yogurt		duō jiǔ 多久		how long?	
chà bu duō 差不多	adv.	about		dà jiā 大家	pro.	everyone	

STUDY BOOST
Waiting and Common Delays

qǐng wèn, yào duō jiǔ?
请问，要多久？ — Excuse me, how long will it take?

dōng xi kuài dào le ma
东西快到了吗？ — Is the item arriving soon?

má fán nǐ děng yí xià
麻烦你等一下。 — May I trouble you to wait a moment.

dà gài shí fēn zhōng hòu dào
大概十分钟后到。 — It will arrive in about ten minutes.

bù hǎo yì si, wǒ chí dào le
不好意思，我迟到了。 — Sorry, I am late.

lù shàng dǔ chē le
路上堵车了！ — There was a traffic jam on the way!

fēi jī / huǒ chē wǎn diǎn le
飞机/火车晚点了！ — The plane/train was late (delayed)!

Chinese Version

苏飞：我觉得好饿！可是不想做饭。
杰明：我也是，感觉今天特别懒！
苏飞：要不，我们点外卖吧！
杰明：好主意！
苏飞：你知道怎么点外卖吗？
杰明：还不知道，你告诉我怎么点吧。
苏飞：你用手机就可以点。下载外卖的手机程序"美团外卖"，在上面点。
杰明：好的，我现在就下载！
苏飞：美团上有很多饭馆可以选择，也有很多又好吃又便宜的饭菜。
杰明：就是说，我想吃什么，就点什么吗？
苏飞：对！点完后，就会有送餐人员把饭菜送到你家。
杰明：太棒了！我现在就点一碗面和一瓶可乐。
苏飞：我也来点。
杰明：你点了什么？
苏飞：我点了一碗牛肉饭和一杯酸奶。
杰明：好了！那现在我们就等送餐人员吧！对了，会等多久？
苏飞：放心！差不多20分钟就会送到。
杰明：太好了！这个程序真方便！
苏飞：当然！现在大家都用。
杰明：对了，你经常点外卖吗？
苏飞：不经常，每两星期一次。

9 坐地铁去机场
zuò dì tiě qù jī chǎng
TAKING METRO TO THE AIRPORT

sū fēi jié míng nǐ zhǔn bèi hǎo le ma
苏飞：杰明，你**准备好**了吗？
Su Fei: Jamie, are you **ready** (well prepared)?

jié míng zhǔn bèi hǎo le wǒ men zǒu ba
杰明：准备好了，**我们走吧**。
Jamie: Yes, **let's go**.

sū fēi xiàn zài jǐ diǎn le
苏飞：现在**几点**了？
Su Fei: **What's the time** now?

jié míng jiǔ diǎn wǒ mā ma shì shí diǎn de fēi jī
杰明：九点，我妈妈是十点的**飞机**。
Jamie: Nine o'clock, my mum's **plane** will arrive at ten o'clock.

sū fēi hái yǒu yí gè xiǎo shí bú yòng zháo jí
苏飞：**还有**一个小时，不用**着急**。
Su Fei: **Still** one hour left, don't **worry**.

jié míng duì le nǐ xiǎng zuò chū zū chē hái shì zuò dì tiě
杰明：对了，你想**坐出租车**，还是**坐地铁**？
Jamie: By the way, do you want to **take a taxi** or **take the metro**?

sū fēi chū zū chē yǒu diǎn guì wǒ men zuò dì tiě ba
苏飞：出租车**有点**贵，我们坐地铁吧。
Su Fei: Taxis are **a bit** expensive. Let's take the metro.

杰明：可以！**而且**，坐地铁也一样**快**。等我们**接**到妈妈，再坐出租车**回来**。

Jamie: OK! **Besides**, taking the metro is just as **fast**. When we **pick up** my mum, we can take a taxi **back**.

苏飞：我**同意**，那我们现在就去**地铁站**吧。

Su Fei: I **agree**, let's go to the **metro station** now.

五分钟后…

5 minutes later…

苏飞：你看，这是**自助售票机**，你可以在这里**买票**。

Su Fei: Look, this is a **self-service ticket machine**. You can **buy tickets** here.

杰明：哇！语言有**中文**的，也有**英文**的。

Jamie: Wow! It has **Chinese** and **English**.

苏飞：我们**用**中文的吧。

Su Fei: Let's **use** Chinese.

杰明：好的。**我看看**，一共四个**站**，30分钟就能**到**飞机场！

Jamie: Okay. **Let me see**, there are four **stations** in total and it'll take 30 minutes to **arrive at** the airport!

苏飞：你**只**用买你自己的票。我有**地铁卡**，**不用**买票。

Su Fei: You **only** need to buy your own ticket. I have a **metro card**, so I **don't need to** buy tickets.

杰明：好的！

Jamie: Okay!

苏飞：我们**上车**吧。**现在**人不多，有很多**座位**。

Su Fei: Let's **get in**. There are not many people **now**, lots of **seats** available.

杰明：我很喜欢中国的地铁，很**新**、也很**舒服**。

Jamie: I like the metro in China a lot. It's very **new** and **comfortable**.

苏飞：**当然了**！**现在**中国的**大城市**都有地铁，**出门**很方便。

Su Fei: Of course! **Nowadays** there are metros in all **major cities** in China, making it easy to **go out**.

三十分钟后…

After 30 minutes…

苏飞：飞机场到了，我们下车吧.

Su Fei: Here is the **airport**, let's **get off**.

杰明：真是太快了！

Jamie: So fast!

Key Vocabulary

zhǔn bèi 准备	v.	to prepare		jǐ diǎn 几点		what time
tóng yì 同意	v.	to agree		zháo jí 着急	adj.	anxious / worried
chū zū chē 出租车	n.	taxi		piào 票	n.	ticket
ér qiě 而且	conj.	besides		jiē 接	v.	to pick up
fēi jī 飞机	n.	airplane		dì tiě 地铁	n.	metro
fēi jī chǎng 飞机场	n.	airport		dì tiě zhàn 地铁站	n.	metro station
shàng chē 上车	v.	to get in a vehicle		xià chē 下车	v.	to get off
xīn 新	adj.	new		shū fu 舒服	adj.	comfortable
zuò wèi 座位	n.	seat		chū mén 出门	vp.	to go out

STUDY BOOST
Asking Directions

qǐng wèn　　　　zěn me zǒu 请问[location]怎么走？	Excuse me, how do I get to [location]?
qù　　　　　yào zuò jǐ hào xiàn 去[location]要坐几号线？	Which (subway) line should I take to get to [location]?
rù kǒu　chū kǒu zài nǎ lǐ 入口/出口在哪里？	Where is the entrance/exit?
wǒ yìng gāi zǒu nǎ tiáo lù 我应该走哪条路？	Which way should I go?
yì zhí wǎng qián zǒu　dào lù kǒu 一直往前走，到路口。	Go straight ahead until you reach the intersection.
xiān zuǒ zhuǎn　zài yòu zhuǎn 先左转，再右转。	First turn left, then turn right.
zài páng biān　duì miàn　qián miàn [location]在 旁边 / 对面 / 前面 / hòu miàn 后面。	[location] is beside/opposite/in front of/behind.

Chinese Version

苏飞：杰明，你准备好了吗？
杰明：准备好了，我们走吧。
苏飞：现在几点了？
杰明：九点，我妈妈是十点的飞机。
苏飞：还有一个小时，不用着急。
杰明：对了，你想坐出租车，还是坐地铁？
苏飞：出租车有点贵，我们坐地铁吧。
杰明：可以！而且，坐地铁也一样快。等我们接到妈妈，再坐出租车回来。
苏飞：我同意，那我们现在就去地铁站吧。

5分钟后…

苏飞：你看，这是自助售票机，你可以在这里买票。
杰明：哇！语言有中文的，也有英文的。
苏飞：我们用中文的吧。
杰明：好的。我看看，一共四个站，30分钟就能到飞机场！
苏飞：你只用买你自己的票。我有地铁卡，不用买票。
杰明：好的！
苏飞：我们上车吧。现在人不多，有很多座位。
杰明：我很喜欢中国的地铁，很新、也很舒服。
苏飞：当然了！现在中国的大城市都有地铁，出门很方便。

30分钟后…

苏飞：飞机场到了，我们下车吧.
杰明：真是太快了！

10 你喜欢做什么?
nǐ xǐ huān zuò shén me
What Do You Like to Do?

李丽：在**周末**，你喜欢做什么？

lǐ lì   zài zhōu mò   nǐ xǐ huān zuò shén me

Li Li: What do you like to do on **weekends**?

杰明：我喜欢看**电影**，特别是**科幻**电影，你呢？

jié míng wǒ xǐ huān kàn diàn yǐng   tè bié shì kē huàn diàn yǐng   nǐ ne

Jamie: I like watching **movies**, especially **science fiction** movies. What about you?

李丽：我喜欢看**小说**，也喜欢和朋友们**骑自行车**到处玩。

lǐ lì wǒ xǐ huān kàn xiǎo shuō yě xǐ huān hé péng yǒu men qí zì xíng chē dào chù wán

Li Li: I like reading **novels**, and like to **ride bicycles** around with my friends.

杰明：那你有自己的**自行车**吗？

jié míng nà nǐ yǒu zì jǐ de zì xíng chē ma

Jamie: Do you have your own **bicycle**?

李丽：没有。**现在**在中国，大家都**不用**买自行车了，**都**用"共享单车"。

lǐ lì méi yǒu xiàn zài zài zhōng guó dà jiā dōu bú yòng mǎi zì xíng chē le dōu yòng gòngxiǎng dān chē

Li Li: No. **Now** in China, people **don't need to** buy bicycles, they **all** use "shared bicycles".

杰明：你说的"共享单车"，是**街上**那些**彩色**的自行车吗？

Jamie: Are the "shared bicycles" those **colourful** bicycles **on the street**?

李丽：对！这些自行车非常**方便**，用**手机扫码**就可以骑。

Li Li: Yes! These bicycles are very **convenient** and you can ride them by **scanning the code with mobile phone**.

杰明：贵吗？

Jamie: Is it expensive?

李丽：不贵！我**每个月**才**花**10**块钱**，想什么时候**骑**，就什么时候骑。

Li Li: No! I only **spend** 10 Yuan **per month**, and I can **ride** whenever I want.

杰明：在**城市**里，**到处**都有这些自行车吗？

Jamie: Are these bicycles **everywhere** in the **city**?

李丽：对！**所以**，你想骑到哪里都可以。

Li Li: Yes! **That's why** you can ride wherever you want.

杰明：那**停车**呢？

Jamie: What about **parking**?

李丽：**任何**有"共享单车"的**地方**，都可以**停车**。

Li Li: **Any place** that has "shared bicycles", you can all **park**.

杰明：这**听上去**太方便了！

Jamie: This **sounds** so convenient!

李丽：是啊！**以前**大家**得**买自行车，现在不用了。

Li Li: Yes! **In the past**, everyone **had to** buy bicycles, but now there is no need.

杰明：的确！**而且**，买的车子也容易**被偷**！

Jamie: Indeed! **Besides**, privately-owned bicycles are also easily **stolen**!

lǐ lì　　　nǐ de zì xíng chē bèi tōu guò ma
李丽：你的**自行车**被偷过吗？

Li Li: Did your **bicycle** get stolen before?

jié míng dāng rán　　zài lún dūn de shí hòu　　bèi tōu guò liǎng cì
杰明：当然！在**伦敦**的时候，被偷过**两次**。

Jamie: Of course! In **London**, it was stolen **twice**.

lǐ lì　　zhēn dǎo méi
李丽：真**倒霉**！

Li Li: What **bad luck**!

jié míng bú guò　　xiàn zài bú yòng dān xīn le
杰明：**不过**，现在不用**担心**了！

Jamie: **However**, now I don't need to **worry** anymore!

lǐ lì　　ng　　nǐ kě yǐ xià zǎi　　gòng xiǎng dān chē　　de shǒu jī chéng xù　　zhè yàng gèng fāng biàn
李丽：嗯，你可以**下载**"**共享单车**"的**手机程序**，这样**更方便**。

Li Li: Well, you can **download** the "bicycle-sharing" **mobile app**, more **convenient**.

jié míng wǒ xiàn zài jiù qù xià zǎi　　yí huì ér qí zì xíng chē huí xué xiào
杰明：我现在就去下载，**一会儿**骑自行车**回**学校。

Jamie: I will download it now and ride the bicycle **back to** campus **later**.

Culture Corner

gòng xiǎng dān chē
共享单车 (bicycle sharing) is a popular service in big cities in China. You can find bikes on almost every major street, which can be unlocked and used simply by scanning with an app on your phone.

Key Vocabulary

diàn yǐng 电影	n.	film	kē huàn 科幻	n.	science fiction
xiǎo shuō 小说	n.	novel	qí 骑	v.	to ride
zì xíng chē 自行车	n.	bike	bú yòng 不用	adv.	no need
cǎi sè 彩色	adj.	colourful	měi 每	pro.	every (day, hour, etc...)
chéng shì 城市	n.	city	tíng chē 停车	v.	to park
yǐ qián 以前	n.	in the past	dí què 的确	adv.	indeed
tōu 偷	v.	to steal	dǎo méi 倒霉	adj.	bad luck
dān xīn 担心	adj. / v.	worried / to worry	yí huì ér 一会儿	n.	later

STUDY BOOST

Expressing Surprise and Excitement

tiān a 天啊！	Oh my god!
bú huì ba 不会吧！	No way!
shén me zěn me kě néng 什么！怎么可能！	What! How is that possible!
zhēn de ma wǒ bù gǎn xiāng xìn 真的吗？我不敢相信。	Really? I can't believe it.
wǒ tài zhèn jīng le 我太震惊了！	I am so shocked!
zhè tài fēng kuáng le 这太疯狂了！	This is so crazy!
zhēn hǎo wán wǒ yě xiǎng shì yi shì 真好玩！我也想试一试。	That's so fun! I want to try it too.

Chinese Version

李丽：在周末，你喜欢做什么？
杰明：我喜欢看电影，特别是科幻电影，你呢？
李丽：我喜欢看小说，也喜欢和朋友们骑自行车到处玩。
杰明：那你有自己的自行车吗？
李丽：没有。现在在中国，大家都不用买自行车了，都用"共享单车"。
杰明：你说的"共享单车"，是街上那些彩色的自行车吗？
李丽：对！这些自行车非常方便，用手机扫码就可以骑。
杰明：贵吗？
李丽：不贵！我每个月才花10块钱，想什么时候骑，就什么时候骑。
杰明：在城市里，到处都有这些自行车吗？
李丽：对！所以，你想骑到哪里都可以。
杰明：那停车呢？
李丽：任何有"共享单车"的地方，都可以停车。
杰明：这听上去太方便了！
李丽：是啊！以前大家得买自行车，现在不用了。
杰明：的确！而且，买的车子也容易被偷！
李丽：你的自行车被偷过吗？
杰明：当然！在伦敦的时候，被偷过两次。
李丽：真倒霉！
杰明：不过，现在不用担心了！
李丽：嗯，你可以下载"共享单车"的手机程序，这样更方便。
杰明：我现在就去下载，一会儿骑自行车回学校。

11 我的中文名字
wǒ de zhōng wén míng zì
MY CHINESE NAME

lǐ lì nǐ hé sū fēi shì shén me shí hòu rèn shi de
李丽：你和苏飞是**什么时候**认识的？
Li Li: **When** did you and Su Fei meet?

jié míng shì qù nián liù yuè fèn rèn shi de
杰明：是**去年**六月份认识的。
Jamie: We met in June **last year**.

lǐ lì wǒ jué de nǐ hěn xǐ huān tā
李丽：我**觉得**你很喜欢她。
Li Li: I **think** you like her very much.

jié míng dāng rán le tā shì wǒ zài zhōng guó zuì hǎo de péng yǒu
杰明：当然了！她是我在中国**最好的朋友**。
Jamie: Of course! She is my **best friend** in China.

lǐ lì xiàn zài wǒ hé tā yě shì péng yǒu le hái jīng cháng yì qǐ chī fàn
李丽：现在我和她**也**是朋友了，还经常**一起**吃饭。
Li Li: Now, she and I are friends **too**, we often eat **together**.

jié míng shì ma zhè tài bàng le
杰明：是吗？这**太棒了**！
Jamie: Really? That's **great**!

lǐ lì wǒ jué de nǐ de zhōng wén míng zì hěn tè bié
李丽：我觉得你的中文名字很**特别**！
Li Li: I think your Chinese name is very **unique**!

杰明: 其实，这个中文名字也是苏飞帮我取的。
Jamie: Actually, it was also Su Fei who **helped me pick** this Chinese name.

李丽: 那么，这个名字是什么意思呢？
Li Li: **So**, what's the **meaning** of the name?

杰明: "杰"是"杰出"的"杰"，"明"是"聪明"的"明"。
Jamie: "Jié" is from the phrase "jiéchū" (**excellent**) and "Míng" is from the phrase "cōngmíng" (**smart**).

李丽: 没错！所以，"杰明"的意思就是"又杰出，又聪明"！是个非常好的名字！
Li Li: That's right! So "Jié Míng" **means** "excellent and smart!" It's an **extremely good** name!

杰明: 是啊！我知道，在中国文化里，名字很重要，一定要有意义。
Jamie: True! I **know** that in Chinese **culture**, names are very **important** and must have **meanings**.

李丽: 对！所以，你的名字很有中国风！
Li Li: Yes! **That's why** your name is very **Chinese style**!

杰明: 我很幸运！因为很多外国朋友的名字都是用谷歌翻译的，没有意义。
Jamie: I am very **lucky**! Because the names of many **foreign friends** are **translated by Google**, without any **meaning**.

李丽: 当然，谷歌很少能翻译出有意义的名字。
Li Li: Of course, Google **rarely** translates names with meanings.

Learning Tip

Head over to my YouTube channel **LingLing Mandarin** where you can find videos to help you find a great Chinese name and other related learning videos.

Culture Corner

Localisation is extremely powerful when it comes to creating a Chinese name, whether it be for company or brand, or a personal name. This is because Chinese people ascribe great symbolic importance to names. So rather than using Google Translate which will produce typically meaningless Chinese names, it is far better to go for an authentic Chinese name; even better to have one that makes you stand out from the crowd (in a good way) and can be a great conversation starter!

An authentic Chinese name can be a smart localisation of your original name, or perhaps one with some personal meaning or relevance to you. It will help you establish your unique identity, reflect your personality, and help better engagement with your Chinese friends or business partners.

Visit my website **www.linglingmandarin.com** find out more about the personalised Chinese Name Design service, if you're struggling to come up with your own.

Key Vocabulary

shén me shí hòu 什么时候		when / at what time	qù nián 去年	n.	last year
jué de 觉得	v.	to think	zuì hǎo 最好	adj.	best
yì qǐ 一起	adv.	together	tè bié 特别	adj.	unique
qí shí 其实	adv.	actually	qǔ 取	v.	to pick
yì si 意思	n.	meaning	wén huà 文化	n.	culture
zhòng yào 重要	adj.	important	zhōng guó fēng 中国风	n.	Chinese style
xìng yùn 幸运	adj.	lucky	fān yì 翻译	v.	to translate

STUDY BOOST

Understanding and Clarification

bù hǎo yi si, wǒ méi tīng qīng chǔ 不好意思，我没听清楚。	Sorry, I didn't catch that.
qǐng zài shuō yí biàn 请再说一遍。	Please say it again.
nǐ shì shuō ma 你是说[information]吗？	Did you say [information]?
wǒ kě yǐ wèn gè wèn tí ma 我可以问个问题吗？	Can I ask a question?
wǒ xiǎng què rèn yí xià 我想确认一下。	I want to confirm it a bit.
wǒ bú tài dǒng míng bai 我不太懂 / 明白。	I don't quite understand.
qǐng jiě shì yí xià 请解释一下。	Please explain a bit.

Chinese Version

李丽：你和苏飞是什么时候认识的？
杰明：是去年六月份认识的。
李丽：我觉得你很喜欢她。
杰明：当然了！她是我在中国最好的朋友。
李丽：现在我和她也是朋友了，还经常一起吃饭。
杰明：是吗？这太棒了！
李丽：我觉得你的中文名字很特别！
杰明：其实，这个中文名字也是苏飞帮我取的。
李丽：那么，这个名字是什么意思呢？
杰明："杰"是"杰出"的"杰"，"明"是"聪明"的"明"。
李丽：没错！所以，"杰明"的意思就是"又杰出，又聪明"！是个非常好的名字！
杰明：是啊！我知道，在中国文化里，名字很重要，一定要有意义。
李丽：对！所以，你的名字很有中国风！
杰明：我很幸运！因为很多外国朋友的名字都是用谷歌翻译的，没有意义。
李丽：当然，谷歌很少能翻译出有意义的名字。

12 你有时间吗?
nǐ yǒu shí jiān ma
Do You Have Time?

sū fēi wéi lì lì
苏飞:喂,丽丽!
Su Fei: Hello, Li Li!

lǐ lì wéi shì fēi fēi ma
李丽:喂,是飞飞吗?
Li Li: Hello, is that Feifei?

sū fēi shì a nǐ zài máng shén me
苏飞:是啊,你在忙什么?
Su Fei: Yes, **what** are you **up to**?

lǐ lì méi máng shén me xiàn zài zài jiā lǐ kàn diàn shì ne nǐ dǎ diàn huà yǒu shén me shì ma
李丽:没忙什么!现在在家里看电视呢,你打电话有什么事吗?
Li Li: Nothing! Just **watching TV** at home now, **what's the matter** (you call me)?

sū fēi è wǒ shàng cì shuō guò míng tiān huì hé nǐ qù guàng jiē
苏飞:呃,我上次说过明天会和你去逛街…
Su Fei: Uh, I mentioned **last time** that I would **go shopping** with you tomorrow...

lǐ lì duì a zěn me le
李丽:对啊!怎么了?
Li Li: Indeed! What's wrong?

苏飞：真**对不起**，我明天很**忙**，**来不了**。
Su Fei: I'm so **sorry**, I'm very **busy** tomorrow and **can't come**.

李丽：哦，没关系。
Li Li: Oh, it doesn't matter.

苏飞：**不过**，我**后天**不忙，你有**时间**吗？
Su Fei: But, I am not busy **the day after tomorrow,** will you have **time**?

李丽：有！**只是**，我**下午两点**后才有时间，可以吗？
Li Li: Yes! **It's just** that I won't have time until **two o'clock in the afternoon**, is that okay?

苏飞：当然可以。
Su Fei: Of course.

李丽：好的。我们可以**先**去逛街，**然后**去饭馆吃饭。
Li Li: OK. We can go shopping **first**, and **then** eat in a restaurant.

苏飞：好啊！我**已经**很久没去**逛街**了，真的很想去。
Su Fei: Good! It **has been** a long time since I **went shopping**, I really want to go.

李丽：我知道**市中心**的一个**书店**，那里有很多新版**小说**，我可以带你去。
Li Li: I know a **bookstore** in the **city centre** with many new **novels**, I can take you there.

苏飞：书店里可以**喝茶**吗？
Su Fei: Can I **drink tea** in the bookstore?

李丽：当然可以，那里有**茶**，也有其他**饮料**。
Li Li: Of course, there are **tea** and other **drinks**.

苏飞：太好了！我就喜欢**一边**看书，**一边**喝茶。**对了**，我们后天在哪里**见面**呢？
Su Fei: Great! I like to drink tea **whilst** I read. **By the way,** where shall we **meet** the day after tomorrow?

李丽：我**想想**，我们下午两点半在地铁B**出口**见面，好吗？

Li Li: Let me **have a think**. Let's meet at **Exit** B of the Metro at 2:30 in the afternoon, okay?

苏飞：好的，我到了会给你**发微信**。

Su Fei: OK, I will **send** you a **WeChat message** when I arrive.

李丽：好！那我们**后天**见！

Li Li: Great! See you **the day after tomorrow**!

苏飞：后天见！

Su Fei: See you!

Learning Tip

喂 (wéi) is a greeting which is typically used when answering a phone call in Chinese, it simply means "Hi" or "Hello" and can be used in a formal or informal context.

Culture Corner

In China, when people become friends, they usually stop calling one another by their full names, instead they just use given names or nicknames.

As in the conversation, Li Li calls Su Fei 飞飞 (fēi fēi).

Su Fei also calls Li Li 丽丽 (lì lì).

Key Vocabulary

diàn shì 电视	n.	TV		guàng jiē 逛街	vp.	to go shopping
zěn me le 怎么了	phr.	what's wrong?		hòu tiān 后天	n.	the day after tomorrow
zhǐ shì 只是	adv.	just		xīn bǎn 新版	n.	new (version)
fā wēi xìn 发微信	phr.	to send Wechat messages		shū diàn 书店	n.	bookshop
xiān...rán hòu 先...然后		first...then...		jiàn miàn 见面	v.	to meet up
xiǎng xiǎng 想想	v.	to have a think		chū kǒu 出口	n.	exit
shì zhōng xīn 市中心	n.	city centre		yǐn liào 饮料	n.	drinks

STUDY BOOST
Answering the Phone

wéi! qǐng wèn, [name] zài ma? 喂!请问,[name]在吗?	Hello! May I ask, is [name] there?
qǐng wèn, nǐ zhǎo shéi? 请问,你找谁?	May I ask, who are you looking for?
wǒ shì [name], wǒ zhǎo [name]。 我是[name],我找[name]。	I am [name], I am looking for [name].
duì le, nǐ yǒu shén me shì? 对了,你有什么事?	By the way, what do you need?
kě yǐ zài shuō yí biàn ma? 可以再说一遍吗?	Can you say it again?
duì bu qǐ, nǐ dǎ cuò le。 对不起,你打错了。	Sorry, you have the wrong number.
wǒ yí huì ér gěi nǐ dǎ huí lái。 我一会儿给你打回来。	I will call you back in a while.

Chinese Version

苏飞：喂，丽丽！
李丽：喂，是飞飞吗？
苏飞：是啊，你在忙什么？
李丽：没忙什么！现在在家里看电视呢，你打电话有什么事吗？
苏飞：呃，我上次说过明天会和你去逛街……
李丽：对啊！怎么了？
苏飞：真对不起，我明天很忙，来不了。
李丽：哦，没关系。
苏飞：不过，我后天不忙，你有时间吗？
李丽：有！只是，我下午两点后才有时间，可以吗？
苏飞：当然可以。
李丽：好的。我们可以先去逛街，然后去饭馆吃饭。
苏飞：好啊！我已经很久没去逛街了，真的很想去。
李丽：我知道市中心的一个书店，那里有很多新版小说，我可以带你去。
苏飞：书店里可以喝茶吗？
李丽：当然可以，那里有茶，也有其他饮料。
苏飞：太好了！我就喜欢一边看书，一边喝茶。对了，我们后天在哪里见面呢？
李丽：我想想，我们下午两点半在地铁B出口见面，好吗？
苏飞：好的，我到了会给你发微信。
李丽：好！那我们后天见！
苏飞：后天见！

13 去商场买东西
qù shāng chǎng mǎi dōng xi
Going to the Shopping Mall

sū fēi   lǐ lì   wǒ zài zhè ér
苏飞：李丽！我在**这儿**。
Su Fei: Li Li! I'm **here**.

lǐ lì   hāi   sū fēi   nǐ zhēn zhǔn shí
李丽：嗨，苏飞！你真**准时**。
Li Li: **Hi**, Su Fei! You are so **punctual**.

sū fēi   jīn tiān bù máng   suǒ yǐ xiǎng zǎo diǎn lái
苏飞：今天不**忙**，所以想**早点来**。
Su Fei: I'm not **busy** today, so I wanted to come **earlier**.

lǐ lì   wǒ men wǎng qián zǒu ba   xiān qù shāng chǎng   rán hòu qù shū diàn
李丽：我们**往前走**吧，先去**商场**，然后去**书店**。
Li Li: Let's **walk ahead** to the **shopping mall** first, then we'll go to the **bookstore**.

sū fēi   jīn tiān tiān qíng   hěn shì hé guàng jiē
苏飞：今天**天晴**，很**适合**逛街！
Su Fei: So **sunny** today, **suitable** for going out shopping!

lǐ lì   nǐ kàn   nà lǐ zài mài shén me
李丽：你看，那里在**卖**什么？
Li Li: Look, what are they **selling** there?

sū fēi   zǒu   wǒ men qù kàn kan
苏飞：走，我们去看看。
Su Fei: Let's go and see.

李丽: 哇！好多**漂亮**的衣服，有**衬衫**、T恤、裤子和裙子。
Li Li: Wow! So many **beautiful** clothes; **shirts**, T-shirts, trousers, and skirts.

苏飞: 这件衬衫不错！你**觉得**哪个颜色**最好看**。
Su Fei: This shirt is good! Which colour do you **think** is **the best looking**?

李丽: 我**觉得**蓝色和红色**都**好看，你呢？
Li Li: I **think** blue and red **both** look good, what about you?

苏飞: 我**更喜欢**红色，就买一件红色的吧！
Su Fei: I **prefer** (like more) red, I'll buy a red one!

李丽: 我想买那条黄色的**裙子**，和我的白衬衫**很搭**。
Li Li: I want to buy that yellow **skirt**. I think it **matches well** with my white shirt.

苏飞: 嗯，我也觉得**很搭**！
Su Fei: Hmm, I also think they **match well**!

五分钟后...
5 minutes later...

李丽: 那家**商店**在卖**手表**。你想去看看吗？
Li Li: That **shop** sells **watches**. Do you want to have a look?

苏飞: 我觉得手表**没什么用**。
Su Fei: I think watches **don't have much use**.

李丽: 为什么？
Li Li: Why?

苏飞: **因为**手机上也能**看时间**。
Su Fei: **Because** we can **check the time** on the phone.

李丽: 是啊！**但是**，我觉得手表是很好的**礼物**，特别是送给**男生**。
Li Li: Yeah! **However**, I think watches are good **gifts**, especially for **guys**.

苏飞：你**这样说**，是不是有喜欢的**男生**了？
Su Fei: You **said this**, does it mean you have a **guy** you like?

李丽：别**开玩笑**了！我想买一个送**给**我爸爸，**下个月**是他的**生日**。
Li Li: Stop **joking**! I want to buy one **for** my dad, **next month** is his **birthday**.

苏飞：嗯，是个**好主意**！我觉得他**一定**会喜欢。
Su Fei: Hmm, it's a **good idea**! I think he will **definitely** like it.

李丽：那我们**一起进去**看看吧。
Li Li: Let's **go in together** to have a look.

苏飞：好的。
Su Fei: Okay.

Key Vocabulary

zhǔn shí 准时	*adj.*	punctual	zǎo diǎn 早点	*adv.*	earlier
shāng chǎng 商场	*n.*	shopping mall	tiān qíng 天晴	*adj.*	sunny
shì hé 适合	*adj.*	suitable	mài 卖	*v.*	to sell
yī fu 衣服	*n.*	clothes	yán sè 颜色	*n.*	colour
hǎo kàn 好看	*adj.*	good-looking	dā 搭	*adj.*	well-matched
shǒu biǎo 手表	*n.*	watch	shì a 是啊	*excl.*	yeah
lǐ wù 礼物	*n.*	gift	nán shēng 男生	*n.*	guy (male)
kāi wán xiào 开玩笑	*vp.*	to joke	zhǔ yi 主意	*n.*	idea

STUDY BOOST
Shopping and Bargaining

wǒ kě yǐ shì chuān ma 我可以试穿吗？	May I try it on?
kě yǐ biàn yi yi diǎn ma 可以便宜一点吗？	Can it be a bit cheaper?
qǐng wèn yǒu yōu huì quàn ma 请问，有优惠券吗？	Excuse me, do you have coupons?
tài guì le kě yǐ dǎ zhé ma 太贵了！可以打折吗？	It's too expensive! Can you give a discount?
bàn jià kě yǐ ma 半价，可以吗？	Is half price okay?
nǐ kàn mǎi yī sòng yī 你看，买一送一。	Look, buy one get one free.
nǐ men zhī chí tuì huàn ma 你们支持退换吗？	Do you support returns and exchanges?

Chinese Version

苏飞：李丽！我在这儿。
李丽：嗨，苏飞！你真准时。
苏飞：今天不忙，所以想早点来。
李丽：我们往前走吧，先去商场，然后去书店。
苏飞：今天天晴，很适合逛街！
李丽：你看，那里在卖什么？
苏飞：走，我们去看看。
李丽：哇！好多漂亮的衣服，有衬衫、T恤、裤子和裙子。
苏飞：这件衬衫不错！你觉得哪个颜色最好看。
李丽：我觉得蓝色和红色都好看，你呢？
苏飞：我更喜欢红色，就买一件红色的吧！
李丽：我想买那条黄色的裙子，和我的白衬衫很搭。
苏飞：嗯，我也觉得很搭！

5分钟后...

李丽：那家商店在卖手表。你想去看看吗？
苏飞：我觉得手表没什么用。
李丽：为什么？
苏飞：因为手机上也能看时间。
李丽：是啊！但是，我觉得手表是很好的礼物，特别是送给男生。
苏飞：你这样说，是不是有喜欢的男生了？
李丽：别开玩笑了！我想买一个送给我爸爸，下个月是他的生日。
苏飞：嗯，是个好主意！我觉得他一定会喜欢。
李丽：那我们一起进去看看吧。
苏飞：好的。

14 在星巴克喝咖啡
zài xīng bā kè hē kā fēi
COFFEE IN STARBUCKS

苏飞：我走**累**了，想**休息一下**。
sū fēi: wǒ zǒu lèi le, xiǎng xiū xi yí xià
Su Fei: I'm **tired** of walking, I want to **take a short break**.

杰明：我也是。
jié míng: wǒ yě shì
Jamie: Me too.

苏飞：你看，前面有家**咖啡馆**。啊！是**星巴克**。我们**进去**喝咖啡吧。
sū fēi: nǐ kàn, qiánmiàn yǒu jiā kā fēi guǎn. ā! shì xīng bā kè. wǒ men jìn qù hē kā fēi ba
Su Fei: Look, there is a **cafe** in front. Ah! It's **Starbucks**. Let's **go in** for coffee.

到达星巴克...
dào dá xīng bā kè
Arriving at Starbucks...

杰明：我去**点**两杯咖啡。你想喝**什么**咖啡？
jié míng: wǒ qù diǎn liǎng bēi kā fēi. nǐ xiǎng hē shén me kā fēi
Jamie: I'll **order** two cups of coffee. **What** coffee would you like to drink?

苏飞：我**要**喝白咖啡，你呢？
sū fēi: wǒ yào hē bái kā fēi, nǐ ne
Su Fei: I **want to** drink white coffee, what about you?

杰明：我**要**喝**黑咖啡**。
Jamie: I **want to** drink black coffee.

杰明：你好！我要**一杯**白**咖啡**和**一杯**黑**咖啡**。
Jamie: Hello there! I want **a cup of** white coffee and **a cup of** black coffee.

服务员：好的。**一共** 50 元，请问你用**微信**还是**支付宝**？
Waitress: Okay. That comes to 50 Yuan **in total**, do you use **WeChat** or **Alipay**?

杰明：用微信吧。
Jamie: WeChat.

服务员：好的，请在这里**扫码**。
Waitress: Okay, please **scan the code** here.

两分钟后...
2 minutes later...

杰明：你的咖啡到了，这是**牛奶**和**糖**。
Jamie: Your coffee is here. This is **milk** and **sugar**.

苏飞：啊！谢谢你！
Su Fei: Ah! Thank you!

杰明：你**觉得**这里的咖啡怎么样？
Jamie: What do you **think of** the coffee here?

苏飞：我觉得**一般般**。不过，我很喜欢这里的**环境**，很漂亮，也很**安静**。
Su Fei: I think it's **average**. However, I like the **environment** here, very beautiful and **quiet**.

杰明：我也是。而且，我**发现**这家咖啡店离我家很**近**。
Jamie: Me too. Besides, I **notice** this coffee shop is very **close** to my home.

苏飞：是啊！你从家走过来就10**分钟**。如果**骑自行车**，更快！

Su Fei: Indeed! Just 10 **minutes** for you to walk from here to your home. If you **cycle**, it would be even faster!

杰明：我喜欢**走路**，**但是**更喜欢骑自行车！

Jamie: I like **walking**, **but** cycling is even better!

苏飞：我也是，上班、下班**都**骑自行车。

Su Fei: Me too. I **always** cycle to and from work.

杰明：这周六，我打算骑自行车去**人民公园**，你想**跟**我去吗？

Jamie: This **Saturday**, I plan to cycle to the **People's Park**. Would you like to go **with** me?

苏飞：好啊！

Su Fei: Great!

Key Vocabulary

xiū xi yí xià 休息一下	*vp.*	to have a break	kā fēi guǎn 咖啡馆	*n.*	cafe
kā fēi 咖啡	*n.*	coffee	yí gòng 一共	*adv.*	in total
niú nǎi 牛奶	*n*	milk	táng 糖	*n.*	sugar
yì bān bān 一般般	*adj.*	average	huán jìng 环境	*n.*	environment
ān jìng 安静	*adj.*	quite	fā xiàn 发现	*v.*	to notice
jìn 近	*adj.*	close	fēn zhōng 分钟	*n.*	minutes
zǒu lù 走路	*v.*	to walk	shàng bān 上班	*v.*	to go to work / start work
dǎ suàn 打算	*v.*	to plan	xià bān 下班	*v.*	to get off work / finish work

STUDY BOOST

Responding to a Request

hǎo de / hǎo a / kě yǐ a 好的 / 好啊 / 可以啊！	Okay / Great / Alright!
dāng rán / méi wèn tí 当然 / 没问题。	Of course / No problem.
suí shí dōu xíng 随时都行！	Anytime is fine!
yào bù, xià cì ba 要不，下次吧。	Perhaps next time.
bào qiàn, bù kě yǐ 抱歉，不可以。	Apologies, I cannot do it.
duì bu qǐ, zuì jìn hěn máng 对不起，最近很忙。	Sorry, I've been very busy recently.
wǒ xiǎngxiǎng, yí huì ér huí fù nǐ 我想想，一会儿回复你。	Let me think about it and I'll get back to you later.

Chinese Version

苏 飞：我走累了，想休息一下。
杰 明：我也是。
苏 飞：你看，前面有家咖啡馆。啊！是星巴克。我们进去喝咖啡吧。

到达星巴克…

杰 明：我去点两杯咖啡。你想喝什么咖啡？
苏 飞：我要喝白咖啡，你呢？
杰 明：我要喝黑咖啡。
　　　你好！我要一杯白咖啡和一杯黑咖啡。
服务员：好的。一共50元，请问你用微信还是支付宝？
杰 明：用微信吧。
服务员：好的，请在这里扫码。

2分钟后…

杰 明：你的咖啡到了，这是牛奶和糖。
苏 飞：啊！谢谢你！
杰 明：你觉得这里的咖啡怎么样？
苏 飞：我觉得一般般。不过，我很喜欢这里的环境，很漂亮，也很安静。
杰 明：我也是。而且，我发现，这家咖啡店离我家很近。
苏 飞：是啊！你从家走过来就10分钟。如果骑自行车，更快！
杰 明：我喜欢走路，但是更喜欢骑自行车！
苏 飞：我也是，上班、下班都骑自行车。
杰 明：这周六，我打算骑自行车去人民公园，你想跟我去吗？
苏 飞：好啊！

15
疯狂的网购
fēng kuáng de wǎng gòu
Crazy Online Shopping

jié míng wǒ fā xiàn zài zhōng guó wǎng gòu tài liú xíng le
杰明：我**发现**，在中国**网购**太**流行**了！
Jamie: I've **noticed** that **online shopping** in China is very **popular**!

sū fēi nǐ bù zhī dào ma zhōng guó shì shì jiè shàng zuì dà de wǎng gòu shì chǎng
苏飞：你不知道吗？中国是**世界上**最大的**网购市场**。
Su Fei: Don't you know that China is the largest **online shopping market in the world.**

jié míng zhēn de ma
杰明：真的吗？
Jamie: Really?

sū fēi dāng rán zhè xiē nián dà jiā dōu wǎng gòu wǎng gòu hěn pián yi xuǎn zé
苏飞：**当然**！**这些年**，大家都网购。网购很**便宜**，**选择**
yě duō
也多。
Su Fei: Of course! **These years** almost everyone shops online. It's so **cheap** to buy things online and there are many **choices**.

jié míng zài zhōng guó dà de wǎng gòu píng tái yǒu nǎ xiē
杰明：在中国，大的**网购平台**有哪些？
Jamie: What are the main **online shopping platforms** in China?

sū fēi dāng rán shì jīng dōng hé táo bǎo
苏飞：**当然**是"**京东**"和"**淘宝**"。
Su Fei: Of course, it's "JD.com" and "Taobao".

杰明：哪个**更好**？
Jamie: Which is **better**?

苏飞：我觉得都**差不多**，有些人**用**"京东"，有些人用"淘宝"，还有一些**都用**。
Su Fei: They're **more or less the same**. Some people **use** "JD.com", some use "Taobao", and some **use both**.

杰明：你呢？
Jamie: What about you?

苏飞：我**也**都用，我的手机上有"京东"和"淘宝"的**手机程序**，你看。
Su Fei: I use both **too**. I have **mobile apps** for "JD.com" and "Taobao" on my phone, see!

杰明：你今天穿的新**鞋子**也是网购的吗？
Jamie: Are the new **shoes** you are wearing today also bought online?

苏飞：对！这是我**昨天**在"京东"上买的，今天早上就**到了**。
Su Fei: Yes! I bought them on "JD.com" **yesterday**, and they **arrived** this morning.

杰明：**怎么**这么快？
Jamie: **How could** it be so fast?

苏飞：对啊！因为"京东"的**速度**最快。
Su Fei: Indeed! Because the **speed** of "JD.com" is the fastest.

杰明：中国很大，**所以**，我觉得很难**相信**一天就到了。
Jamie: China is very big, **so** I find it hard to **believe** that it can arrive in one day.

苏飞：**其实**，"淘宝"速度也**可以**。你**同学们**呢，也会网购吗？
Su Fei: **Actually**, the speed of "Taobao" is also **fine**. What about your **classmates**, do they also shop online?

杰明：他们更**疯狂**，**天天 网 购**，天天**收包裹**。

Jamie: They are even crazier. They shop online **every day** and **receive packages** every day.

苏飞：11月11号的**网 购 节**，才是最疯狂的。

Su Fei: Actually the **online shopping festival** on November 11 is the craziest.

杰明：对！我**听说**很多东西也会**打折**。

Jamie: Yes! I **heard** that many things will also be **discounted**.

苏飞：**下个月**就是11月份了，你**准备好**了吗？

Su Fei: **Next month** is November, are you **ready**?

杰明：当然！我今天就去**下载**"京东"的**手机程序**，试一试。

Jamie: Of course! I'll **download** the "JD.com" **mobile app** today to **have a try**.

Culture Corner

Online shopping is the dominant shopping trend in China, which has become the largest online shopping market in the world. Taobao (owned by Alibaba) and JD.com are currently the two main platforms with several others growing fast although face tough competition.

Key Vocabulary

wǎng gòu 网购	n. v.	online shopping to buy online	liú xíng 流行	adj.	popular	
shì jiè 世界	n.	world	shì chǎng 市场	n.	market	
píng tái 平台	n.	platform	dāng rán 当然	adv.	of course	
xié zi 鞋子	n.	shoes	sù dù 速度	n.	speed	
suǒ yǐ 所以	conj.	so	xiāng xìn 相信	v.	to believe	
tóng xué 同学	n.	classmates	tiān tiān 天天	adv.	everyday	
fēng kuáng 疯狂	adj.	crazy	dǎ zhé 打折	v.	to discount	

Study Boost

Online Shopping

yùn fèi shì duō shǎo 运费是多少？	How much is the shipping cost?
yǒu qí tā yán sè / chǐ cùn ma 有其他颜色/尺寸吗？	Do you have other colors/sizes?
shén me shí hòu fā huò 什么时候发货？	When will it be shipped?
chǎn pǐn yǒu bǎo xiū ma 产品有保修吗？	Does the product come with a warranty?
kě yǐ kāi fā piào ma 可以开发票吗？	Can I get an invoice?
qǐng tí gòng yōu huì mǎ 请提供优惠码。	Please provide a discount code.
qǐng tí gòng dìng dān hào 请提供订单号。	Please provide the order number.

Chinese Version

杰明：我发现，在中国网购太流行了！
苏飞：你不知道吗？中国是世界上最大的网购市场。
杰明：真的吗？
苏飞：当然！这些年，大家都网购。网购很便宜，选择也多。
杰明：在中国，大的网购平台有哪些？
苏飞：当然是"京东"和"淘宝"。
杰明：哪个更好？
苏飞：我觉得都差不多，有些人用"京东"，有些人用"淘宝"，还有一些都用。
杰明：你呢？
苏飞：我也都用，我的手机上有"京东"和"淘宝"的手机程序，你看。
杰明：你今天穿的新鞋子也是网购的吗？
苏飞：对！这是我昨天在"京东"上买的，今天早上就到了。
杰明：怎么这么快？
苏飞：对啊！因为"京东"的速度最快。
杰明：中国很大，所以，我觉得很难相信一天就到了。
苏飞：其实，"淘宝"速度也可以。你同学们呢，也会网购吗？
杰明：他们更疯狂，天天网购，天天收包裹。
苏飞：11月11号的网购节，才是最疯狂的。
杰明：对！我听说很多东西也会打折。
苏飞：下个月就是11月份了，你准备好了吗？
杰明：当然！我今天就去下载"京东"的手机程序，试一试。

16

去中国银行
qù zhōng guó yín háng

GOING TO THE BANK OF CHINA

工作人员：**先生**，您好！需要**帮忙**吗？
gōng zuò rén yuán: xiān sheng, nín hǎo! xū yào bāng máng ma?
Staff: Hello, **sir**! Do you need **help**?

杰明：你好！我要**办**一张**银行卡**。
jié míng: nǐ hǎo! wǒ yào bàn yì zhāng yín háng kǎ.
Jamie: Hello! I would like to **apply for** a **bank card**.

工作人员：好的，请给我看你的**护照**。
gōng zuò rén yuán: hǎo de, qǐng gěi wǒ kàn nǐ de hù zhào.
Staff: Okay, please show me your **passport**.

杰明：这是护照，**给你**。
jié míng: zhè shì hù zhào, gěi nǐ.
Jamie: This is my passport, **here you are**.

工作人员：谢谢！请问您在中国是**学习**、还是**旅游**？
gōng zuò rén yuán: xiè xie! qǐng wèn nín zài zhōng guó shì xué xí, hái shì lǚ yóu?
Staff: Thank you! May I ask are you **studying** or **traveling** in China?

杰明：**为什么**会问这个**问题**？
jié míng: wèi shén me huì wèn zhè gè wèn tí?
Jamie: **Why** do you ask this **question**?

工作人员：**因为**有**学习签证**，才可以办银行卡。如果是**旅游签证**，就不可以。
gōng zuò rén yuán: yīn wèi yǒu xué xí qiān zhèng, cái kě yǐ bàn yín háng kǎ. rú guǒ shì lǚ yóu qiān zhèng, jiù bù kě yǐ.

Staff: **Because** you can only apply for a bank card if you have a **student visa**. If it is a **tourist visa**, we cannot help.

杰明: 我的**签证**是学习签，签证**页**在护照里。
jié míng / wǒ de qiānzhèng shì xué xí qiān, qiānzhèng yè zài hù zhào lǐ
Jamie: My **visa** is a student visa, and the visa **page** is in the passport.

工作人员: 好的，我看看。请问你有**学生证**吗？
gōng zuò rén yuán / hǎo de, wǒ kàn kan. qǐng wèn nǐ yǒu xué shēng zhèng ma
Staff: Okay, let me have a look. Do you have a **student ID card**?

杰明: 有，在这儿。
jié míng / yǒu, zài zhè ér
Jamie: Yes, here it is.

工作人员: 谢谢！
gōng zuò rén yuán / xiè xie
Staff: Thank you!

杰明: 对了，请你帮我开**网银**，这样**方便**在网上**买东西**。
jié míng / duì le, qǐng nǐ bāng wǒ kāi wǎng yín, zhè yàng fāng biàn zài wǎng shàng mǎi dōng xi
Jamie: Ah yes, please help me to open **online banking** so that I can **buy things** online **conveniently**.

工作人员: 可以，请**填表**。
gōng zuò rén yuán / kě yǐ, qǐng tián biǎo
Staff: That's fine, please **fill in the form**.

两分钟后…
liǎng fēn zhōng hòu
2 minutes later...

杰明: 填好了，给你。
jié míng / tián hǎo le, gěi nǐ
Jamie: It's done, here you are.

工作人员: 谢谢！请在这里**签字**。
gōng zuò rén yuán / xiè xie, qǐng zài zhè lǐ qiān zì
Staff: Thank you, please **sign** here.

杰明: 好的。
jié míng / hǎo de
Jamie: Okay.

工作人员: 这是你的**银行卡**。请问**还有什么**需要吗？
gōng zuò rén yuán / zhè shì nǐ de yín háng kǎ, qǐng wèn hái yǒu shén me xū yào ma
Staff: Thank you! This is your **bank card**. Is there **anything else** I can help with?

	jié míng	wǒ xiǎng yòng yīng bàng huàn rén mín bì zhè shì yīng bàng
	杰明：	我想用英镑换人民币，这是100英镑。
Jamie:		I would like to **exchange** pounds for RMB, here is 100 **pounds**.
	gōng zuò rén yuán	hǎo de gěi nín kuài rén mín bì
	工作人员：	好的，给您880块人民币。
Staff:		Okay, here is 880 **RMB** for you.
	jié míng	xiè xie nǐ zài jiàn
	杰明：	谢谢你！再见！
Jamie:		Thank you! Goodbye!
	gōng zuò rén yuán	zài jiàn
	工作人员：	再见！
Staff:		Goodbye!

Culture Corner

This is a travel tip for you - please note that you cannot typically apply for a bank card if you are a tourist in China, but you can if you are on a student or work visa. If you would like to shop online, you might also need to ask bank staff to activate online banking for you.

Key Vocabulary

xū yào 需要	v.	to need	bāng máng 帮忙	n.	help
bàn 办	v.	to apply	yín háng kǎ 银行卡	n.	bank card
hù zhào 护照	n.	passport	xué xí 学习	v.	to study
lǚ yóu 旅游	v.	to travel	wèn tí 问题	n.	question
qiān zhèng 签证	n.	visa	wǎng yín 网银	n.	online banking
tián biǎo 填表	vp.	to fill out a form	qiān zì 签字	v.	to sign
yīng bàng 英镑	n.	pound (currency)	rén mín bì 人民币	n.	RMB (the currency of Mainland China)

STUDY BOOST
Opening a Bank Account

wǒ yào bàn yì zhāng jiè jì kǎ
我要办一张借记卡。 — I want to apply for a debit card.

wǒ yào kāi yí gè yín háng zhàng hù
我要开一个银行账户。 — I want to open a bank account.

qǐng bāng wǒ tián shēn qǐng biǎo
请帮我填申请表。 — Please help me fill out the application form.

yǒu shén me zhàng hù lèi xíng
有什么账户类型? — What types of accounts are available?

zhàng hù de nián fèi shì duō shǎo
账户的年费是多少? — What is the annual fee for the account?

xū yào dài shén me wén jiàn
需要带什么文件? — What documents do I need to bring?

xū yào cún rù zuì dī jīn é ma
需要存入最低金额吗? — Is there a minimum deposit requirement?

Chinese Version

工作人员：先生，您好！需要帮忙吗？
杰明：你好！我要办一张银行卡。
工作人员：好的，请给我看你的护照。
杰明：这是护照，给你。
工作人员：谢谢！请问您在中国是学习、还是旅游？
杰明：为什么会问这个问题？
工作人员：因为有学习签证，才可以办银行卡。如果是旅游签证，就不可以。
杰明：我的签证是学习签，签证页在护照里。
工作人民：好的，我看看。请问你有学生证吗？
杰明：有，在这儿。
工作人员：谢谢！
杰明：对了，请你帮我开网银，这样方便在网上买东西。
工作人员：可以，请填表。

2分钟后…

杰明：填好了，给你。
工作人员：谢谢！请在这里签字。
杰明：好的。
工作人员：这是你的银行卡。请问还有什么需要吗？
杰明：我想用英镑换人民币，这是100英镑。
工作人员：好的，给您880块人民币。
杰明：谢谢你！再见！
工作人员：再见！

17 去小吃街
qù xiǎo chī jiē
GOING TO THE FOOD STREET

_{sū fēi} _{nǐ kàn} _{zhè lǐ jiù shì wǒ gēn nǐ shuō de xiǎo chī jiē}
苏飞：你看！这里就是我跟你说的**小吃街**。
Su Fei: Look! This is the **food street** I told you about.

_{jié míng} _{wā} _{tài xiāng le} _{hǎo duō měi shí ā}
杰明：哇，太香了！好多**美食**啊！
Jamie: Wow, it smells so good! So much **delicious food**!

_{sū fēi} _{dāng rán} _{zhè lǐ de xiǎo chī yòu pián yi yòu hǎo chī}
苏飞：当然！这里的小吃又**便宜**又**好吃**！
Su Fei: Of course! Food here is **cheap** and **delicious**!

_{jié míng} _{zhēn shì tài rè nao le}
杰明：真是太**热闹**了！
Jamie: It's so **lively** too!

_{sū fēi} _{duì a} _{tè bié shì zhōng wǔ hé wǎn shàng}
苏飞：对啊！**特别是**中午和晚上。
Su Fei: Of course! **Especially** at noon and in the evening.

_{jié míng} _{zài yīng guó} _{xià wǔ wǔ diǎn bàn yǐ hòu} _{duō shù shāng diàn dōu guān mén le}
杰明：在英国，下午五点半以后，**多数**商店都**关门**了。
Jamie: In the UK, **most** shops are **closed** after 5:30 in the afternoon.

_{sū fēi} _{zài zhōng guó} _{suǒ yǒu de shāng diàn zài wǔ diǎn bàn hòu} _{zuì rè nao}
苏飞：在中国，**所有**的商店在五点半后，**最热闹**！
Su Fei: In China, **all** the shops are the **busiest** (most lively) after 5.30 pm.

杰明：我真喜欢这样的**生活**。对了，你**经常**来这里吃东西吗？

Jamie: I really like this kind of **life**. By the way, do you **often** come here to eat?

苏飞：是啊！我常常**下班**后来。

Su Fei: Yes! I usually come after **finishing work**.

杰明：你**最喜欢**吃什么小吃？

Jamie: Which snack do you **like most**?

苏飞：我最喜欢吃**烤鱼**，你呢？

Su Fei: I like **barbecued fish** the most, what about you?

杰明：我最喜欢吃**烤鸡腿**。

Jamie: I love **barbecued chicken legs** the most.

苏飞：好！那今天我就**请你**吃烤鸡腿。

Su Fei: Great! Then I will **treat you** to barbecued chicken legs today.

杰明：哇！谢谢你！**看着**这些美食，我觉得快**饿死了**。

Jamie: Wow! Thank you! I'm **so starving looking at** all this food!

苏飞：你看，那里有个**烧烤摊**，我们过去吧。

Su Fei: Look, there is a **barbecue stall** there, let's go over.

苏飞：老板，来**一份**烤鱼和**一份**烤鸡腿。

Su Fei: Hi there (boss), I'd like **one** barbecued fish and **one** barbecued chicken leg.

摊主：好！**一共**25块，请在这里扫码**付款**！

Vendor: OK! That's 25 Yuan **in total**, please scan the code here **to pay**!

苏飞：好的。

Su Fei: OK.

十分钟后...

10 minutes later...

杰明：真是太**好吃**了！我有点儿**渴**了，想喝**冷饮**，你呢？

Jamie: It's so **delicious**! I'm a little **thirsty** and feel like having a **cold drink**, what about you?

苏飞：**可以**啊！**刚**吃完烧烤，我也觉得有点儿**热**！

Su Fei: Yes please! I **just** finished eating the barbecue, I feel a bit **hot** too!

杰明：那我们去买**两杯**冷饮吧。

Jamie: Then let's go to buy **a couple of** cold drinks.

苏飞：好！

Su Fei: Great!

杰明：你看，这条**街**的后面有个**冷饮店**，我们过去吧。

Jamie: Look, there is a **cold drink shop** at the end of the **street**. Let's go over.

Culture Corner

In China it is normal to address vendors and shop and restaurant owners by calling them 老板 (lǎo bǎn) - the literal meaning is "boss." It is a colloquial term to address them politely.

Key Vocabulary

xiǎo chī jiē 小吃街	*n.*	food street	měi shí 美食	*n.*	delicious food / delicacy
rè nao 热闹	*adj.*	lively/bustling	tè bié 特别	*adv.*	especially
duō shù 多数	*n.*	most	guān mén 关门	*v.*	to close (door)
suǒ yǒu 所有	*n.*	all	shēng huó 生活	*n.*	life
cháng cháng 常常	*adv.*	often	kě 渴	*adj.*	thirsty
lěng yǐn 冷饮	*n.*	cold drinks	rè 热	*adj.*	hot
sǎo miáo 扫描	*v.*	to scan a code	shāo kǎo 烧烤	*n.*	barbeque
fù kuǎn 付款	*v.*	to make a payment	yí fèn 一份		a portion of

Learning Tip

è sǐ le 饿死了 literally means "hungry to death" it is used colloquially, similar to the use of "starving" in English when used to exaggerate one's hunger.

sǐ le 死了 is commonly added after various adjectives in Chinese to exaggerate the extent to which it applies, for example:

rè sǐ le 热死了	too hot		chǎo sǐ le 吵死了	too noisy
lěng sǐ le 冷死了	too cold		fán sǐ le 烦死了	too annoying
lèi sǐ le 累死了	too tired		bèn sǐ le 笨死了	too stupid

Chinese Version

苏飞：你看！这里就是我跟你说的小吃街。
杰明：哇，太香了！好多美食啊！
苏飞：当然！这里的小吃又便宜又好吃！
杰明：真是太热闹了！
苏飞：对啊！特别是中午和晚上。
杰明：在英国，下午五点半以后，多数商店都关门了。
苏飞：在中国，所有的商店在五点半后，最热闹！
杰明：我真喜欢这样的生活。对了，你经常来这里吃东西吗？
苏飞：是啊！我常常下班后来。
杰明：你最喜欢吃什么小吃？
苏飞：我最喜欢吃烤鱼，你呢？
杰明：我最喜欢吃烤鸡腿。
苏飞：好！那今天我就请你吃烤鸡腿。
杰明：哇！谢谢你！看着这些美食，我觉得快饿死了。
苏飞：你看，那里有个烧烤摊，我们过去吧。
　　　老板，来一份烤鱼和一份烤鸡腿。
摊主：好！一共25块，请在这里扫码付款！
苏飞：好的。

10分钟后...

杰明：真是太好吃了！我有点儿渴了，想喝冷饮，你呢？
苏飞：可以啊！刚吃完烧烤，我也觉得有点儿热！
杰明：那我们去买两杯冷饮吧。
苏飞：好！
杰明：你看，这条街的后面有个冷饮店，我们过去吧。

18 你的狗真可爱!
nǐ de gǒu zhēn kě ài
YOUR DOG IS SO CUTE!

jié míng　wā　　zhè shì nǐ　de gǒu ma
杰明:哇!这是你的**狗**吗?
Jamie: Wow! Is this your **dog**?

lǐ lì　　shì de　tā jiù shì wǒ jīng cháng gēn nǐ shuō de　　dà bǎo bèi
李丽:是的。它就是我**经常**跟你说的"**大宝贝**"!
Li Li: Yes. It's the "**big baby**" I **often** mentioned to you!

jié míng zhēn kě　ài　　tā jiào shén me míng zì
杰明:真**可爱**!它叫什么名字?
Jamie: He is so **cute**! What's his name?

lǐ　lì　　tā jiào pàngpàng
李丽:它叫胖胖。
Li Li: He's called Fatty.

jié míng　ǹg　　zhè gè míng zì hěn shì hé tā　　yīn wèi tā zhēn de yǒu diǎn ér pàng
杰明:嗯!这个名字很**适合**它。**因为**它真的有点儿**胖**!
Su Fei: Hmm! The name **suits** him well. **Because** he is indeed a bit **fat**!

lǐ　lì　　duì　wǒ jué de pàng yì diǎn de gǒu gèng kě　ài
李丽:对,我**觉得**胖一点的狗**更可爱**!
Li Li: Yes, I **think** fatter dogs are **cuter**!

jié míng　tā jīn nián duō dà　le
杰明:它今年**多大**了?
Jamie: **How old** is he?

89

李丽：五岁半了！
Li Li: Five and a half years old!

杰明：我很喜欢它的**毛**，很软！**而且**是我最喜欢的白色和棕色。
Jamie: I really like his **fur**, it's soft! **Besides**, it's my favourite white and brown.

李丽：它的毛太多了！**冬天**还好，**夏天**很热，我得给它**剪毛**。
Li Li: He has so much fur! It's okay for **winter**, but it's very hot for **summer** and I have to **cut** it for him.

杰明：它**一直**看着我，**好像**也很喜欢我。
Jamie: He **keeps** looking at me, **seems** to like me too.

李丽：**当然**！它非常喜欢**亲近人**！**对了**，你也有狗吗？
Li Li: Of course! He enjoys **being close to** people! **By the way**, do you have a dog too?

杰明：没有，可是我很喜欢**小猫**和**小狗**。
Jamie: No, but I like **kittens** and **puppies** very much.

李丽：胖胖有一个**好朋友**，也是一只猫，它们经常**在一起玩**。
Li Li: Fatty has a **good friend** who is also a cat. They often play **together**.

杰明：胖胖最喜欢做什么？
Jamie: What does Fatty like to do most?

李丽：它最喜欢吃，**和你一样**，是个"**吃货**"！
Li Li: He likes to eat the most. **Just like you**, a "foodie"!

杰明：哈哈！胖胖，你小心**越吃越胖**！
Jamie: Haha! Fatty, be careful **the more you eat, the fatter you get**!

李丽：它也非常**好动**，每天早上**起床**起得很早。
Li Li: He is also very **active** and **gets up** early every morning.

jié míng　　 tā　qǐ chuáng zuò shén me
杰明：它起床做什么？

Jamie: What does he do when he is up?

lǐ lì　　 dāng rán shì děng zhe chī fàn　　yě děng zhe hé wǒ wán ér
李丽：当然是**等着**吃饭，也等着**和我玩儿**。

Li Li: Of course, **waiting** to eat and to **play with me**.

jié míng　　nà　nǐ měi tiān zǎo shàng dōu huì bèi tā nòngxǐng ma
杰明：那你**每天早上**都会被它弄醒吗？

Jamie: So, **every morning** he wakes you up?

lǐ lì　　 dāng rán le　 tā jiù xiàng wǒ de nào zhōng měi tiān zǎo shàng liù diǎn dōu huì
李丽：当然了！它就像我的**闹钟**，每天**早上六点**都会
　　　qù wǒ de fáng jiān zhǎo wǒ
　　　去我的**房间**找我。

Li Li: Of course! He's like my **alarm clock** and always goes to my **bedroom** to find me at **six every morning**.

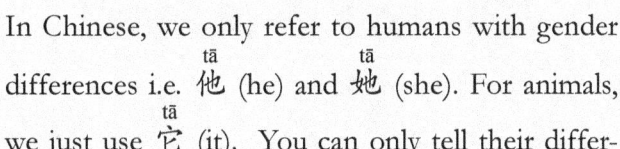

Learning Tip

In Chinese, we only refer to humans with gender differences i.e. 他 (tā) (he) and 她 (tā) (she). For animals, we just use 它 (tā) (it). You can only tell their differences in written Chinese, there is no pronunciation difference of these characters in spoken Chinese.

Key Vocabulary

gǒu 狗	n.	dog	kě ài 可爱	adj.	cute	
pàng 胖	adj.	fat	máo 毛	n.	hair/fur	
ruǎn 软	adj.	soft	yì zhí 一直	adv.	always/keep	
xià tiān 夏天	n.	summer	jiǎn 剪	v.	to cut	
dōng tiān 冬天	n.	winter	hǎo xiàng 好像	adv.	seem	
qīn jìn 亲近	v.	to be close to	wán 玩	v.	to play	
yuè… yuè… 越…越…		the more…the more…	hào dòng 好动	adj.	active (people or animals)	
qǐ chuáng 起床	v.	to get up	nào zhōng 闹钟	n.	alarm clock	

STUDY BOOST

Describing Pets

wǒ xǐ huān yǎng chǒng wù 我喜欢养宠物。	I like to keep pets.
tā yǒu piào liang de máo 它有漂亮的毛。	It has beautiful fur.
tā hěn cōng míng / tiáo pí 它很聪明/调皮。	It is very smart/naughty.
tā hěn kě ài / yǒu hǎo 它很可爱/友好。	It is very cute/friendly.
tā xǐ huān shài tài yáng 它喜欢晒太阳。	It likes to sunbathe.
tā xǐ huān wǒ mō tā 它喜欢我摸它。	It likes me to pet it.
tā xǐ huān gēn wǒ wán qiú 它喜欢跟我玩球。	It likes to play ball with me.

Chinese Version

杰明：哇！这是你的狗吗？
李丽：是的。它就是我经常跟你说的大宝贝！
杰明：真可爱！它叫什么名字？
李丽：它叫胖胖。
杰明：嗯！这个名字很适合它。因为它真的有点儿胖！
李丽：对，我觉得胖一点的狗更可爱！
杰明：它今年多大了？
李丽：五岁半了！
杰明：我很喜欢它的毛，很软！而且是我最喜欢的白色和棕色。
李丽：它的毛太多了！冬天还好，夏天很热，我得给它剪毛。
杰明：它一直看着我，好像也很喜欢我。
李丽：当然！它非常喜欢亲近人！对了，你也有狗吗？
杰明：没有，可是我很喜欢小猫和小狗。
李丽：胖胖有一个好朋友，也是一只猫，它们经常在一起玩。
杰明：胖胖最喜欢做什么？
李丽：它最喜欢吃，和你一样，是个"吃货"！
杰明：哈哈！胖胖，你小心越吃越胖！
李丽：它也非常好动，每天早上起床起得很早。
杰明：它起床做什么？
李丽：当然是等着吃饭，也等着和我玩儿。
杰明：那你每天早上都会被它弄醒吗？
李丽：当然了！它就像我的闹钟，每天早上六点都会去我的房间找我。

19 去 茶 馆
qù chá guǎn
GOING TO THE TEAHOUSE

_{sū fēi   wǒ men dào le}
苏飞：我们到了！
Su Fei: Here we are!

_{jié míng   zhè jiā chá guǎn hěn yǒu zhōng guó fēng   huán jìng hěn piāo liàng}
杰明：这家茶馆很有中国风，环境很漂亮。
Jamie: This **teahouse** is very **Chinese style** and the environment is very **beautiful**.

_{sū fēi   dāng rán le   zhè lǐ yǒu zuì hǎo de zhōng guó chá}
苏飞：当然了！这里有最好的中国茶。
Su Fei: Of course! It also has **the best** Chinese teas.

_{jié míng   wǒ men xiān zuò xià ba   nǐ kàn   fú wù yuán lái le}
杰明：我们先坐下吧。你看，服务员来了。
Jamie: Let's **sit down** first. Look, the **waitress** is coming.

_{fú wù yuán   huān yíng guāng lín   qǐng wèn nǐ men yào hē shén me chá}
服务员：欢迎光临！请问你们要喝什么茶？
Waitress: **Welcome**! What kind of tea would you like to drink?

_{jié míng   qǐng wèn   nǐ men zhè lǐ yǒu nǎ xiē chá}
杰明：请问，你们这里有哪些茶？
Jamie: May I ask **which** tea do you have here?

_{fú wù yuán   wǒ men yǒu zhōng guó de shí dà míng chá   zhè shì chá shuǐ dān}
服务员：我们有中国的十大名茶，这是茶水单。
Waitress: We have **the ten famous teas** of China. This is the **tea list**.

杰明：我看看，我想喝**乌龙茶**，这个名字很**有意思**。
Jamie: Let me see, I want to drink **Oolong tea**, the name is very **interesting**.

苏飞：我也要**一杯**乌龙茶。
Su Fei: I also want **a cup of** Oolong tea.

服务员：好的，请你们**等一下**。
Waitress: Okay, please **wait a moment**.

苏飞：你**以前**喝过中国茶吗？
Su Fei: Have you ever had Chinese tea **before**?

杰明：当然！我最喜欢喝中国的**绿茶**和**红茶**，很健康，也很**好喝**。
Jamie: Of course! I like to drink Chinese **green tea** and **red tea** the most, very **healthy** and **tasty**.

苏飞：在**英国**的时候，你去**哪里**买中国茶？
Su Fei: Where did you buy Chinese tea when you were in the **UK**?

杰明：**有时候**去中国超市买，**有时候**在网上买。
Jamie: **Sometimes** from the Chinese supermarket, **sometimes** online.

服务员：这是你们的茶，**请慢用**！
Waitress: Here they are, **enjoy** (please slowly use)!

杰明：谢谢你！
Jamie: Thank you!

苏飞：这是**传统**的"盖碗茶杯"，你知道**怎么**用吗？
Su Fei: This is a **traditional** "gaiwan teacup". Do you know **how to** use it?

杰明：不知道，你可以**教**我吗？
Jamie: I don't know, can you **teach** me?

苏飞：可以！你看，**要这样**喝。
Su Fei: Yes! You see, just drink **like this**.

杰明： 哦，我知道了。
Jamie: Oh, I see.

苏飞： 茶杯的**盖子代表**"天"、**杯子代表**"人"、**垫子代表**"地"，意思是"**天地人合一**"，与**自然**共生！是一种中国**哲学思想**。
Su Fei: The **lid** of the teacup **represents** "heaven", the cup **represents** "man", and the **saucer** represents "earth", it stands for "**the unity of heaven, earth, and man**" symbiosis with **nature**! This is a type of Chinese **philosophical thought**.

杰明： 太**有趣**了！这样喝茶真是一种**享受**。
Jamie: It's so **interesting**! Drinking tea like this is truly an **enjoyment**.

苏飞： 我有一本**关于**中国茶**文化**的书，是中英文的！
Su Fei: I have a book **about** Chinese tea **culture**, in both Chinese and English!

杰明： 可以**借**给我看看吗？
Jamie: Can you **lend** it to me?

苏飞： 当然可以！
Su Fei: Of course!

Culture Corner

China has a profound tea culture with a long history. It's an art, as well as a lifestyle, and the drinking style varies depending on different teacups and tea sets. You should definitely go to try it when you visit China!

Key Vocabulary

chá guǎn 茶 馆	*n.*	tea house
fú wù yuán 服 务 员	*n.*	waiter/waitress
yǐ qián 以 前	*n.*	before (time)
hǎo hē 好 喝	*adj.*	tasty (drink)
chuántǒng 传 统	*adj.*	traditional
gài zi 盖 子	*n.*	lid
diàn zi 垫 子	*n.*	saucer
yǒu yì si 有 意 思 / yǒu qù 有 趣	*adj.*	interesting
huán jìng 环 境	*n.*	environment
xiǎng shòu 享 受	*adj.* *n.*	enjoyable enjoyment
jiàn kāng 健 康	*adj.*	healthy
wǎng shàng 网 上	*n.*	online
jiāo 教	*v.*	to teach
bēi zi 杯 子	*n.*	cup
zì rán 自 然	*n.*	nature
guān yú 关 于	*prep.*	about

STUDY BOOST
Small Talk

zuì jìn zěn me yàng 最近怎么样？	How have you been recently?
zuì jìn gōng zuò máng ma 最近工作忙吗？	Have you been busy with work lately?
nǐ cháng lái zhè lǐ ma 你常来这里吗？	Do you come here often?
zhè chá kā fēi hěn hǎo hē 这茶/咖啡很好喝。	This tea/coffee is very good.
zhè jiā chá guǎn kā fēi guǎn hěn bú cuò 这家茶馆/咖啡馆很不错！	This tea house/coffee shop is quite nice!
nǐ píng shí xǐ huān zuò shén me 你平时喜欢做什么？	What do you usually like to do?
nǐ zhōu mò yǒu shén me jì huà 你周末有什么计划？	Do you have any plans for the weekend?
nǐ xǐ huān kàn shū diàn yǐng ma 你喜欢看书/电影吗？	Do you like reading books/watching movies?

Chinese Version

苏 飞：我们到了！
杰 明：这家茶馆很有中国风，环境很漂亮。
苏 飞：当然了！这里有最好的中国茶。
杰 明：我们先坐下吧。你看，服务员来了。
服务员：欢迎光临！请问你们要喝什么茶？
杰 明：请问，你们这里有哪些茶？
服务员：我们有中国的十大名茶，这是茶水单。
杰 明：我看看，我想喝乌龙茶，这个名字很有意思。
苏 飞：我也要一杯乌龙茶。
服务员：好的，请你们等一下。
苏 飞：你以前喝过中国茶吗？
杰 明：当然！我最喜欢喝中国的绿茶和红茶，很健康，也很好喝。
苏 飞：在英国的时候，你去哪里买中国茶？
杰 明：有时候去中国超市买，有时候在网上买。
服务员：这是你们的茶，请慢用！
杰 明：谢谢你！
苏 飞：这是传统的盖碗茶杯，你知道怎么用吗？
杰 明：不知道，你可以教我吗？
苏 飞：可以！你看，要这样喝。
杰 明：哦，我知道了。
苏 飞：茶杯的盖子代表"天"、杯子代表"人"、垫子代表"地"，意思是"天地人合一"，与自然共生！是一种中国哲学思想。
杰 明：太有趣了！这样喝茶真是一种享受。
苏 飞：我有一本关于中国茶文化的书，是中英文的！
杰 明：可以借给我看看吗？
苏 飞：当然可以！

20 在手机上打车
zài shǒu jī shàng dǎ chē
ORDERING A TAXI BY PHONE

jié míng fēi fēi wǒ men děi chū fā le nǐ kuài diǎn ér
杰明:飞飞,我们得**出发**了,你**快点儿**!
Jamie: Feifei, we have to **go** (set off), **hurry up**!

sū fēi hǎo de wǒ zài huàn yī fu mǎ shàng jiù lái
苏飞:好的,我在**换衣服**,**马上**就来。
Su Fei: Okay, I'm **changing clothes**, will be there **right away**.

jié míng xiàn zài yǐ jīng liù diǎn bàn le wǎn huì qī diǎn kāi shǐ wǒ men zuò dì tiě
杰明:现在**已经**六点半了,**晚会**七点开始,我们坐地铁
qù kě néng huì chí dào
去,可能会**迟到**。
Jamie: It's **already** half past six now. The **party** starts at seven. If we go by metro, we might be **late**.

sū fēi bié dān xīn wǒ men kě yǐ dǎ chē qù shí fēn zhōng jiù dào
苏飞:别**担心**,我们可以**打车**去,十**分钟**就到。
Su Fei: Don't **worry**, we can **take a taxi** and we'll arrive in ten **minutes**.

jié míng hǎo nà wǒ men xiàn zài jiù qù wài miàn děng chū zū chē ba
杰明:好!那我们现在就去**外面**等**出租车**吧。
Jamie: Good! Let's go **outside** to wait for a **taxi** now.

sū fēi bú yòng wǒ zài jiā lǐ jiù kě yǐ dǎ chē
苏飞:不用,我**在家里**就可以打车。
Su Fei: No need, I can order a taxi here **at home**.

杰明:真的吗?**怎么打**?
Jamie: Really? **How** to do it?

苏飞:你看,我**下载**了**手机程序**"滴滴出行",可以在上面**打车**。
Su Fei: Look, I **downloaded** the **mobile app** "Didi Travel", and I can order a taxi on my phone.

杰明:**只要**有网,就可以在**任何地方**,**任何时间**打车吗?
Jamie: So **as long as** I have the internet, I can order a taxi from **anywhere** and **anytime**?

苏飞:对!
Su Fei: Yes!

杰明:这太**方便**了。
Jamie: Wow! This is so **convenient**.

苏飞:你看,我在程序上**输入**我们的**位置**和**目的地**,然后**点**"呼叫",就可以了。
Su Fei: You see, I **type in** our **location** and the **destination** to go on the mobile app, then **click** "Call", all done.

杰明:上面说有**司机**已经接到"呼叫"了,**马上就来**!
Jamie: It says a **driver** has already received the call and will come **right away**!

苏飞:对!我们还可以看到司机的**位置**。
Su Fei: Yes! We can also see the **location** of the driver too.

杰明:啊!还有司机的名字和**车牌号**呢!
Jamie: Ah! And the driver's name and his **license plate number**!

苏飞:对!司机两分钟后就**到**,我们现在就**下楼**。
Su Fei: Yes! The driver will **arrive** in two minutes, let's **go downstairs** now.

杰明:对了,一会儿怎么**付钱**给司机?
Jamie: By the way, how do we **pay** the driver later?

sū fēi　　bú yòng fù qián gěi sī jī　　wǒ men dào le mù dì dì hòu　chéng xù huì
苏飞：不用**付钱**给司机。我们到了**目的地**后，程序会
　　　zì dòng fù qián
自动付钱。

Su Fei: No need to **pay** the driver. When we arrive at our **destination**, payment will be **automatically** done through the app.

jié míng　zhè gè shǒu jī chéng xù tài yǒu yòng le　　wǒ yě yào xià zǎi
杰明：这个手机程序太**有用**了，我也要**下载**。

Jamie: This app is so **useful**; I'll **download** it too.

Culture Corner

The most popular app used for taking a taxi in China is "Didi Travel." It is the easiest way to take a taxi for many Chinese people, and you don't even have to worry about paying them in person. Taxis can still be hailed from the street in major cities.

Key Vocabulary

chū fā 出发	v.	to set off	kuài diǎn ér 快点儿	phr.	be quick
mǎ shàng 马上	adv.	right away	wǎn huì 晚会	n.	evening party
chí dào 迟到	adj.	late	dǎ chē 打车	v.	take a taxi
zhǐ yào 只要	conj.	as long as	rèn hé 任何	pro.	any
shū rù 输入	v.	to type in	mù dì dì 目的地	n.	destination
wèi zhì 位置	n.	location	chē pái hào 车牌号	n.	plate number
fù qián 付钱	v.	to pay	sī jī 司机	n.	driver

STUDY BOOST
Taking a Taxi

wǒ yào qù jī chǎng / huǒ chē zhàn / gāo tiě zhàn 我要去机场/火车站/高铁站。	I need to go to the airport/train station/high-speed rail station.
qǐng zài zhè lǐ tíng chē 请在这里停车。	Please stop (the car) here.
qǐng dài wǒ dào zhè gè dì zhǐ 请带我到这个地址。	Please take me to this address.
qǐng bāng wǒ ná xíng lǐ 请帮我拿行李。	Please help me with the luggage.
qǐng nǐ kuài yì diǎn, xiè xie 请你快一点，谢谢！	Please go a bit faster, thank you!
qǐng kāi kōng tiáo, xiè xie 请开空调，谢谢！	Please turn on the air conditioning, thank you!
shī fu, yí gòng duō shǎo qián 师傅，一共多少钱？	Sir (driver master), how much is it in total?

Chinese Version

杰明：飞飞，我们得出发了，你快点儿！
苏飞：好的，我在换衣服，马上就来。
杰明：现在已经六点半了，晚会七点开始，我们坐地铁去，可能会迟到。
苏飞：别担心，我们可以打车去，十分钟就到。
杰明：好！那我们现在就去外面等出租车吧。
苏飞：不用，我在家里就可以打车。
杰明：真的吗？怎么打？
苏飞：你看，我下载了手机程序"滴滴出行"，可以在上面打车。
杰明：只要有网，就可以在任何地方，任何时间打车吗？
苏飞：对！
杰明：这太方便了。
苏飞：你看，我在程序上输入我们的位置和目的地，然后点"呼叫"，就可以了。
杰明：上面说有司机已经接到呼叫了，马上就来！
苏飞：对！我们还可以看到司机的位置。
杰明：啊！还有司机的名字和车牌号呢！
苏飞：对！司机两分钟后就到，我们现在就下楼。
杰明：对了，一会儿怎么付钱给司机？
苏飞：不用付钱给司机。我们到了目的地后，程序会自动付钱。
杰明：这个手机程序太有用了，我也要下载。

21

去 健 身 房
qù jiàn shēn fáng

GOING TO THE GYM

jié míng xià wǔ qù qí zì xíng chē　zěn me yàng
杰明：**下午**去**骑自行车**，**怎么样**？

Jamie: How about going **cycling** in the **afternoon**?

sū fēi　wǒ bú tài xiǎng qù　jīn tiān de tiān qì bù hǎo　yí huì ér kě néng huì
苏飞：我不太想去！今天的**天气**不好！一会儿**可能**会
xià yǔ
下雨。

Su Fei: I don't really want to go! The **weather** is not good today! It'll **probably** rain in a while.

jié míng　wǒ chá yí xià　jīn tiān xià yǔ　míng tiān tiān yīn　dàn shì hòu tiān tiān qíng
杰明：我**查一下**，今天**下雨**，明天**天阴**，但是后天**天晴**。

Jamie: Let me **have a check**, it's **rainy** today and **cloudy** tomorrow, but the day after tomorrow will be **sunny**.

sū fēi　nà wǒ men hòu tiān zài qù ba
苏飞：那我们**后天**再去吧。

Su Fei: **Then** let's go **the day after tomorrow**.

jié míng　hǎo de　nǐ píng shí xǐ huān zuò shén me yùn dòng
杰明：好的。你**平时**喜欢做什么**运动**？

Jamie: Okay. What **sports** do you **usually** like to do?

sū fēi　wǒ xǐ huān yóu yǒng　yě xǐ huān dǎ yǔ máo qiú hé pīng pāng qiú　nǐ ne
苏飞：我喜欢**游泳**，也喜欢打**羽毛球**和**乒乓球**，你呢？

Su Fei: I like **swimming**. I also like playing **badminton** and **table tennis**. What about you?

jié míng　wǒ xǐ huān dǎ wǎng qiú　yě xǐ huān tī zú qiú
杰明：我喜欢打**网球**，也喜欢踢**足球**。

Jamie: I like playing **tennis** and **football**.

苏飞:对了,你去**健身房**吗?
Su Fei: By the way, do you go to the **gym**?

杰明:我早就想去了,**但是**还没有找到**合适**的。
Jamie: I really want to go, **but** I haven't found a **suitable** one.

苏飞:我知道一家**健身房**,就在你学校**旁边**。
Su Fei: I know a **gym**, right **next to** your campus.

杰明:是吗?可以**介绍**给我吗?
Jamie: Really? Can you **introduce** it to me?

苏飞:当然!你看,这是我的**会员卡**。我今天下午去那里**健身**,你和我去**看看**吧!
Su Fei: Of course! Look, this is my **membership card**. I'm going there to **exercise** this afternoon. Go with me and **take a look**!

杰明:太好了!**对了**,你的会员卡**一个月**多少钱?
Jamie: That's great! **By the way**, how much is your membership card **per month**?

苏飞:一个月**才**30块钱,不**贵**!
Su Fei: **Only** 30 Yuan per month, not **expensive**!

杰明:**和**英国的**比**,这真的太**便宜**了!
Jamie: **Compared with** the UK, that is really **cheap**!

苏飞:是啊!
Su Fei: Indeed!

杰明:你是从**什么时候**开始去**健身房**的?
Jamie: **When** did you start to go to the **gym**?

苏飞:从上个月,**但是**会员卡是**上周**才办的。
Su Fei: **From** last month, **but** I didn't apply for the membership card until **last week**.

杰明:我也想去**办**一张。想要**身体好**,就要多**运动**!
Jamie: I also want to **apply for** one. If you want to be **healthy** (body good), you have to **exercise more**!

Key Vocabulary

tiān qì 天气	n.	weather		xià yǔ 下雨	v.	to rain
tiān yīn 天阴	adj.	cloudy		píng shí 平时	n.	usually
tiān qíng 天晴	adj.	sunny		yùn dòng 运动	n.	sports
yóu yǒng 游泳	v.	to swim		yǔ máo qiú 羽毛球	n.	badminton
pīng pāng qiú 乒乓球	n.	table tennis		wǎng qiú 网球	n.	tennis
zú qiú 足球	n.	football		jiàn shēn fáng 健身房	n.	gym
jiè shào 介绍	v. n.	to introduce introduction		huì yuán 会员	n.	membership
hé bǐ 和…比…	vp.	compare with …		shēn tǐ 身体	n.	health

STUDY BOOST
Gym and Sports Membership

wǒ xiǎng shēn qǐng jiàn shēn fáng de huì yuán 我想申请健身房的会员。	I want to apply for a gym membership.
jiàn shēn fáng de kāi fàng shí jiān shì shén me 健身房的开放时间是什么？	What are the gym's opening time?
qǐng wèn, huì yuán fèi shì duō shǎo 请问，会员费是多少？	May I ask, what's the membership fee?
zhè lǐ yǒu yóu yǒng chí ma 这里有游泳池吗？	Is there a swimming pool here?
wǒ kě yǐ shì yòng yì tiān ma 我可以试用一天吗？	Can I have a trial day?
zhè lǐ yǒu sī rén jiào liàn ma 这里有私人教练吗？	Do you have personal trainers here?
wǒ yào yù yuē yì jié yú jiā kè 我要预约一节瑜伽课。	I want to book a yoga class.

Chinese Version

杰明：下午去骑自行车,怎么样?
苏飞：我不太想去!今天的天气不好!一会儿可能会下雨。
杰明：我查一下,今天下雨,明天天阴,但是后天天晴。
苏飞：那我们后天再去吧。
杰明：好的。你平时喜欢做什么运动?
苏飞：我喜欢游泳,也喜欢打羽毛球和乒乓球,你呢?
杰明：我喜欢打网球,也喜欢踢足球。
苏飞：对了,你去健身房吗?
杰明：我早就想去了,但是还没有找到合适的。
苏飞：我知道一家健身房,就在你学校旁边。
杰明：是吗?可以介绍给我吗?
苏飞：当然!你看,这是我的会员卡。我今天下午去那里健身,你和我去看看吧!
杰明：太好了!对了,你的会员卡一个月多少钱?
苏飞：一个月才30块钱,不贵!
杰明：和英国的比,这真的太便宜了!
苏飞：是啊!
杰明：你是从什么时候开始去健身房的?
苏飞：从上个月,但是会员卡是上周才办的。
杰明：我也想去办一张。想要身体好,就要多运动!

22 到北京机场了
dào běi jīng jī chǎng le

ARRIVING AT BEIJING AIRPORT

jié míng dào běi jīng jī chǎng le
杰明：到北京**机场了**！
Jamie: (We have) arrived at Beijing **Airport**!

sū fēi shì a   cóng shàng hǎi dào běi jīng zuò fēi jī jiù liǎng gè bàn xiǎo shí
苏飞：是啊！**从**上海**到**北京，**坐飞机**就两个半小时。
Su Fei: Indeed! **From** Shanghai **to** Beijing, it takes only two and a half hours **by plane**.

jié míng xiàn zài jǐ diǎn le
杰明：现在**几点了**？
Jamie: **What's time** now?

sū fēi wǔ diǎn bàn
苏飞：五点半。
Su Fei: Five thirty.

jié míng wǒ men zài běi jīng de zhè sān tiān xíng chéng shì shén me
杰明：我们在北京的这三天，**行程**是什么？
Jamie: What is our **itinerary** in Beijing these three days?

sū fēi jīn tiān xiū xi míng tiān qù pá cháng chéng hòu tiān qù gù gōng
苏飞：今天**休息**，明天去爬**长城**，后天去**故宫**。
Su Fei: We'll **rest** today. Tomorrow we'll climb **the Great Wall**, and the day after tomorrow we will go to **the Forbidden City**.

jié míng xiàn zài shì qiū tiān pá cháng chéng zuì hé shì bù lěng yě bú rè
杰明：现在**是秋天**，爬长城最合适。不**冷**，也不**热**！

108

Jamie: It's **autumn** now, good time to climb the Great Wall. It's neither **cold** nor **hot**!

苏飞：是啊！北京的春天和秋天**最凉快**、**最舒服**。
Su Fei: Indeed! Spring and autumn in Beijing are the **coolest** and **most comfortable**.

杰明：还有，我们是星期天**坐高铁**回上海吗？
Jamie: Also, will we return to Shanghai **by high-speed train** on Sunday?

苏飞：对！你已经买了**高铁票**，不是吗？
Su Fei: Yes! I remember you already bought the **high-speed train tickets**, didn't you?

杰明：是的。从北京到上海，坐高铁要4个**小时**。**虽然**时间有点**长**，但是不用**花时间**等车。
Jamie: Yes. From Beijing to Shanghai, it takes 4 **hours** by high-speed train. **Although** the time is a bit **long**, we don't have to **spend time** waiting for it.

苏飞：是啊！而且**高铁**很舒服，我们还可以**看风景**。
Su Fei: Indeed! Plus the **high-speed train** is also very comfortable, we can **see the scenery** too.

杰明：你以前**来过**北京吗？
Jamie: **Have** you **been to** Beijing before?

苏飞：来过，我小的时候，**常常**和**父母**来北京旅游。
Su Fei: Yes, I have. When I was little, I **often** travelled to Beijing with my **parents**.

杰明：你看，那是我们的**行李箱**，我们去**拿**吧。
Jamie: Look, those are our **luggage cases**. Let's **get** them.

苏飞：**行李**太多了！我们**打出租车**吧。
Su Fei: Too much **luggage**! Let's **take a taxi**.

杰明：好的。你**先**休息一下，我用手机**叫**出租车。
Jamie: Okay. You take a rest here **first**. I will use my phone to **call** a taxi.

苏飞：这里**不用**叫车，**因为**机场的**出租车**太多了，**出门**就能**上车**。

Su Fei: There is **no need** to call a taxi here, **because** there are so many **taxis** at the airport and we can get one straight away when we **go out**.

杰明：好的。

Jamie: Okay.

苏飞：我们**现在**就坐车去**宾馆**休息一下。

Su Fei: **Now** let's take the taxi to the **hotel** to have a rest.

两分钟后...

2 minutes later...

苏飞：师傅，你好！我们去**阳光宾馆**。

Su Fei: Hello, there! We are going to the **Sunshine Hotel**.

司机：好的，请**上车**。

Driver: Okay, please **get in** the car.

Culture Corner

The most common way to address drivers in Chinese is 师傅, which literally means "master", but this is just a colloquial term of polite addressing.

Key Vocabulary

jī chǎng 机场	n.	airport		zuò fēi jī 坐飞机	vp.	to take an airplane / go by airplane
xíng chéng 行程	n.	itinerary		xiū xi 休息	v.	to rest
qiū tiān 秋天	n.	autumn		liáng kuai 凉快	adj.	cool
chūn tiān 春天	n.	spring		shū fu 舒服	adj.	comfortable
fēng jǐng 风景	n.	scenery		fù mǔ 父母	n.	parents
lǚ yóu 旅游	v.	to travel		xíng lǐ xiāng 行李箱	n.	suitcase
yīn wèi 因为	conj.	because		bīn guǎn 宾馆	n.	hotel

STUDY BOOST
Travel Bookings

wǒ yào yì zhāng qù [location] de piào
我要一张去[location]的票。 — I want a ticket to [location].

wǒ yào tuì piào
我要退票。 — I want to refund the ticket.

wǒ yào gǎi qiān
我要改签。 — I want to change my ticket.

wǒ kě yǐ xuǎn zé zuò wèi ma
我可以选择座位吗？ — Can I choose my seat?

zhè zhāng piào bāo kuò xíng lǐ fèi yòng ma
这张票包括行李费用吗？ — Does this ticket include baggage charges?

wǒ yào yī děng zuò / èr děng zuò de piào
我要一等座/二等座的票。 — I want a first/second class ticket.

wǒ yào tóu děng cāng / shāng wù cāng / jīng jì cāng
我要头等舱/商务舱/经济舱。 — I want first/business/economy class.

Chinese Version

杰明：到北京机场了！
苏飞：是啊！从上海到北京，坐飞机就两个半小时。
杰明：现在几点了？
苏飞：五点半。
杰明：我们在北京的这三天，行程是什么？
苏飞：今天休息，明天去爬长城，后天去故宫。
杰明：现在是秋天，爬长城最合适。不冷，也不热！
苏飞：是啊！北京的春天和秋天最凉快、最舒服。
杰明：还有，我们是星期天坐高铁回上海吗？
苏飞：对！你已经买了高铁票，不是吗？
杰明：是的。从北京到上海，坐高铁要4个小时。虽然时间有点长，但是不用花时间等车。
苏飞：是啊！而且高铁很舒服，我们还可以看风景。
杰明：你以前来过北京吗？
苏飞：来过，我小的时候，常常和父母来北京旅游。
杰明：你看，那是我们的行李箱，我们去拿吧。
苏飞：行李太多了！我们打出租车吧。
杰明：好的。你先休息一下，我用手机叫出租车。
苏飞：这里不用叫车，因为机场的出租车太多了，出门就能上车。
杰明：好的。
苏飞：我们现在就坐车去宾馆休息一下。

2分钟后...

苏飞：师傅，你好！我们去阳光宾馆。
司机：好的，请上车。

23 去宾馆登记
qù bīn guǎn dēng jì
CHECKING INTO THE HOTEL

苏飞: 终于到了！我们去前台登记吧。
Su Fei: We are **finally** here! Let's go to the counter to **check-in**.

杰明: 好的，这个宾馆真漂亮！
Jamie: Okay, this **hotel** is so beautiful!

工作人员: 你们好！欢迎光临！
Staff: Hello! **welcome**!

杰明: 你好！这是我们的房间订单，已经在网上完成支付了。
Jamie: Hello! This is our **room-booking order**, with the payment already **completed** online.

工作人员: 好的，我看一下。你们订的是两个单人间，对吗？
Staff: Okay, let me **have a look**. You booked two **single rooms**, right?

杰明: 对。
Jamie: Yes.

113

工作人员： 谢谢！请问你们的名字是？
Staff: Thank you! What are your names?

杰明： 我叫杰明，她叫苏飞。
Jamie: I am Jamie and her name is Su Fei.

工作人员： 谢谢！请给我看你们的**护照**和**身份证**。
Staff: Thank you! Please show me your **passport** and **ID card**.

杰明： 这是我的**护照**。
Jamie: This is my **passport**.

苏飞： 这是我的**身份证**，给你。
Su Fei: This is my **ID card**, here you are.

工作人员： 谢谢！请问，你们**一共**会在宾馆住三天，对吗？
Staff: Thank you! May I confirm, you will stay in the hotel for three days **in total**, right?

杰明： 对。
Jamie: Yes.

工作人员： 小姐，您的**房间号码**是715，这是您的**房卡**。
Staff: Miss, your **room number** is 715, this is your **room card**.

苏飞： 谢谢！
Su Fei: Thank you!

工作人员： 先生，您的**房间号码**是720，这是您的**房卡**。
Staff: Sir, your **room number** is 720, this is your **room card**.

杰明： 谢谢你！
Jamie: Thank you!

工作人员： 不客气。**餐厅**在一楼，**早饭**的时间是从7点到10点。请问还有什么**问题**吗？

Staff:		You are welcome. The **dining hall** is on the first floor, and **breakfast** is from 7 to 10 o'clock. Do you have any **questions**?
sū fēi 苏飞: Su Fei:		méi yǒu le　xiè xie nǐ 没有了，谢谢你！ No, thank you!
gōng zuò rén yuán 工作人员： Staff:		zhù nǐ men zài běi jīng wán de kāi xīn 祝你们在北京玩得开心！ May you **have a great time** in Beijing!
jié míng 杰明： Jamie:		xiè xie　zài jiàn 谢谢！再见。 Thank you! Goodbye.
sū fēi 苏飞: Su Fei:		diàn tī zài nà ér　wǒ men xiàn zài qù fáng jiān xiū xi yí xià 电梯在那儿，我们现在去房间休息一下。 The **elevator** is there. Let's go to the room to **take a rest** now.
jié míng 杰明： Jamie:		hǎo de　wǒ xiǎng xiān qù xǐ zǎo　dà gài yào　fēn zhōng 好的，我想先去洗澡，大概要20分钟。 Okay, I want to **take a shower** first, give me **about** 20 minutes.
sū fēi 苏飞: Su Fei:		kě yǐ　wǒ men bàn xiǎo shí hòu　zài chū fā qù tiān ān mén guǎng 可以！我们半小时后，再出发去**天安门广** chǎng **场**。 **Sure**! Then we will go to **Tiananmen Square** in half an hour.
jié míng 杰明： Jamie:		hǎo 好！ Great!

Culture Corner

Checking in to a hotel in China requires ID. Non-Chinese citizens are required to provide a passport. Whereas Chinese citizens must show their national ID card. Without these, it is likely that the hotel will refuse to allow check-in.

Key Vocabulary

dēng jì 登记	v.	to check-in/ to register	biāo zhǔn jiān 标 准 间	n.	standard room
zhī fù 支付	v.	to pay	dān rén jiān 单 人 间	n.	single room
dìng dān 订 单	n.	booking order	shuāng rén jiān 双 人 间	n.	double room
hù zhào 护 照	n.	passport	yí gòng 一 共	adv.	in total
hào mǎ 号 码	n.	number	fáng kǎ 房 卡	n.	room card
cān tīng 餐 厅	n.	dining hall	zǎo fàn 早 饭	n.	breakfast
diàn tī 电 梯	n.	elevator	xǐ zǎo 洗 澡	v.	to shower
dà gài 大 概	adv.	about	guǎng chǎng 广 场	n.	square

STUDY BOOST

Hotel Bookings and Reservations

nín hǎo wǒ yào yù dìng fáng jiān
您好！我要预订房间。 — Hello! I want to book rooms.

wǒ xiǎng cóng zhù dào
我 想 从[date]住 到[date]。 — I want to stay from [date] to [date].

fáng jià bāo kuò zǎo cān ma
房 价 包 括 早 餐 吗？ — Does the room rate include breakfast?

kě yǐ miǎn fèi gēng gǎi yù dìng rì qī ma
可 以 免 费 更 改 预 订 日 期 吗？ — Can I change the booking dates for free?

wǒ yào gè shuāng rén jiān dān rén
我 要[number]个 双 人 间 / 单 人
jiān biāo zhǔn jiān
间 / 标 准 间 。 — I want [number] double rooms/single rooms/standard rooms.

nín hǎo wǒ yào dēng jì rù zhù
您 好！我 要 登 记 / 入 住 。 — Hello! I want to check in.

nǐ hǎo wǒ yào tuì fáng
你 好！我 要 退 房 。 — Hello! I want to check out.

Chinese Version

苏飞：终于到了！我们去前台登记吧。
杰明：好的，这个宾馆真漂亮！
工作人员：你们好！欢迎光临！
杰明：你好！这是我们的房间订单，已经在网上完成支付了。
工作人员：好的，我看一下。你们订的是两个单人间，对吗？
杰明：对。
工作人员：谢谢！请问你们的名字是？
杰明：我叫杰明，她叫苏飞。
工作人员：谢谢！请给我看你们的护照和身份证。
杰明：这是我的护照。
苏飞：这是我的身份证，给你。
工作人员：谢谢！请问，你们一共会在宾馆住三天，对吗？
杰明：对。
工作人员：小姐，您的房间号码是715，这是您的房卡。
苏飞：谢谢！
工作人员：先生，您的房间号码是720，这是您的房卡。
杰明：谢谢你！
工作人员：不客气。餐厅在一楼，早饭的时间是从7点到10点。请问还有什么问题吗？
苏飞：没有了，谢谢你！
工作人员：祝你们在北京玩得开心！
杰明：谢谢！再见。
苏飞：电梯在那儿，我们现在去房间休息一下。
杰明：好的，我想先去洗澡，大概要20分钟。
苏飞：可以！我们半小时后，再出发去天安门广场。
杰明：好！

24

生 日 快 乐！
shēng rì kuài lè

HAPPY BIRTHDAY!

<small>sū fēi　jié míng　zhù nǐ shēng rì kuài lè</small>
苏飞：杰明，祝你**生日快乐**！
Su Fei: Jamie, **happy birthday** to you!

<small>jié míng　xiè xie nǐ</small>
杰明：谢谢你！
Jamie: Thank you!

<small>sū fēi　bú kè qi　zhè shì sòng gěi nǐ de shēng rì lǐ wù</small>
苏飞：不客气！这是送给你的**生日礼物**。
Su Fei: You're welcome! This is a **birthday gift** for you.

<small>jié míng　wā　kàn shàng qù zhēn piào liàng　wǒ kě yǐ xiàn zài dǎ kāi ma</small>
杰明：哇！**看上去**真漂亮！我可以现在**打开**吗？
Jamie: Wow! It **looks** so beautiful! Can I **open** it now?

<small>sū fēi　wú　bù kě yǐ</small>
苏飞：唔，不可以！
Su Fei: Well, not really!

<small>jié míng　wèi shén me</small>
杰明：为什么？
Jamie: Why?

<small>sū fēi　yīn wèi zài zhōng guó　wǒ men shōu dào lǐ wù de shí hòu　yì bān bù kě</small>
苏飞：因为在中国，我们收到礼物**的时候**，一般不可
<small>yǐ mǎ shàng dǎ kāi</small>
以**马上**打开。

118

Su Fei: Because in China, **when** we receive a gift, we usually don't open it **straight away**.

杰明：那我什么时候才可以**打开**？

jié míng: nà wǒ shén me shí hòu cái kě yǐ dǎ kāi

Jamie: **Then** when can I **open** it?

苏飞：等**生日聚会**结束以后，你**才**可以打开。

sū fēi: děng shēng rì jù huì jié shù yǐ hòu, nǐ cái kě yǐ dǎ kāi

Su Fei: You can **only** open it when the **birthday party** is over.

杰明：好吧。

jié míng: hǎo ba

Jamie: Okay.

苏飞：**从**今天开始，你就27岁了，**感觉**怎么样？

sū fēi: cóng jīn tiān kāi shǐ, nǐ jiù 27 suì le, gǎn jué zěn me yàng

Su Fei: **From** today, you are 27 years old. How do you **feel**?

杰明：感觉**时间过得太快**了！**第一次**在中国过生日，也感觉很**特别**、很**开心**！

jié míng: gǎn jué shí jiān guò de tài kuài le! dì yī cì zài zhōng guó guò shēng rì, yě gǎn jué hěn tè bié, hěn kāi xīn

Jamie: I feel **time flies really fast**! It's my **first time** to celebrate my birthday in China, it feels very **special** and **happy** too!

苏飞：对了，李丽也会来，她**已经**为你做了一个**大蛋糕**。

sū fēi: duì le, lǐ lì yě huì lái, tā yǐ jīng wèi nǐ zuò le yí gè dà dàn gāo

Su Fei: By the way, Li Li will also come, she has **already** made a **big cake** for you.

杰明：真的吗？我都不知道她会做蛋糕，太**厉害**了！

jié míng: zhēn de ma? wǒ dōu bù zhī dào tā huì zuò dàn gāo, tài lì hai le

Jamie: Really? I didn't even know she could make cakes, so **amazing**!

苏飞：是啊！她**不仅**会做蛋糕，**还**会做很多其他美食。

sū fēi: shì a! tā bù jǐn huì zuò dàn gāo, hái huì zuò hěn duō qí tā měi shí

Su Fei: Yes! **Not only** can she make cakes, **but also** many other delicacies.

杰明：**其实**，你也很厉害！你做的**饺子**最好吃！

jié míng: qí shí, nǐ yě hěn lì hai! nǐ zuò de jiǎo zi zuì hǎo chī

Jamie: **Actually**, you are also very amazing! The **dumplings** you make taste the best!

苏飞：哪里哪里！对了，**还有谁**会来吃饭？

sū fēi: nǎ lǐ nǎ lǐ! duì le, hái yǒu shéi huì lái chī fàn

Su Fei: Thanks for the compliment! By the way, **who else** will come over for the meal?

杰明：还有我的美国朋友，我已经把饭店的地址发给他了。

Jamie: My American friend, I have **already** sent him the **address** of the restaurant.

苏飞：他什么时候到？

Su Fei: When will he arrive?

杰明：可能还有20分钟。

Jamie: Possibly another 20 minutes.

苏飞：李丽给我发微信了，说她10分钟后就到。

Su Fei: Li Li **sent** me a **WeChat message** and said she would **arrive** in 10 minutes.

杰明：那我们先喝茶吧，慢慢等他们。

Jamie: Well, let's **drink tea** first and **take our time** to wait for them.

苏飞：好的。

Su Fei: Okay.

Culture Corner

In China, it is traditionally not suitable to open gifts the moment you receive them. Although more and more young people are more open with the idea to open straight away. If you are not sure, just make sure you check with them beforehand!

Key Vocabulary

shēng rì 生 日	*n.*	birthday	lǐ wù 礼 物	*n.*	gift
dǎ kāi 打 开	*v.*	to open	jù huì 聚 会	*n.*	party
jié shù 结 束	*v.*	to end	gǎn jué 感 觉	*v.*	to feel
tè bié 特 别	*adj.*	special	kāi xīn 开 心	*adj.*	happy
dàn gāo 蛋 糕	*n.*	cake	lì hai 厉 害	*adj.*	amazing (people)
fàn diàn 饭 店	*n.*	restaurant	dì zhǐ 地 址	*n.*	address

STUDY BOOST

Sending Good Wishes

zhù nǐ hǎo yùn / chéng gōng 祝你好运／成功！	Wishing you good luck/success!
zhù nǐ shēng rì kuài lè 祝你生日快乐！	Wishing you happy birthday!
zhù nǐ shēn tǐ jiàn kāng 祝你身体健康！	Wishing you good health!
zhù nǐ tiān tiān kāi xīn 祝你天天开心！	Wishing you happiness every day!
zhù nǐ gōng zuò shùn lì 祝你工作顺利！	Wishing your work goes well!
zhù nǐ xīn xiǎng shì chéng 祝你心想事成！	May all your wishes come true!
zhù nǐ wàn shì rú yì 祝你万事如意！	Wishing you all the best in everything!

Chinese Version

苏飞：杰明，祝你生日快乐！
杰明：谢谢你！
苏飞：不客气！这是送给你的生日礼物。
杰明：哇！看上去真漂亮！我可以现在打开吗？
苏飞：唔，不可以！
杰明：为什么？
苏飞：因为在中国，我们收到礼物的时候，一般不可以马上打开。
杰明：那我什么时候才可以打开？
苏飞：等生日聚会结束以后，你才可以打开。
杰明：好吧。
苏飞：从今天开始，你就27岁了，感觉怎么样？
杰明：感觉时间过得太快了！第一次在中国过生日，也感觉很特别、很开心！
苏飞：对了，李丽也会来，她已经为你做了一个大蛋糕。
杰明：真的吗？我都不知道她会做蛋糕，太厉害了！
苏飞：是啊！她不仅会做蛋糕，还会做很多其他美食。
杰明：其实，你也很厉害！你做的饺子最好吃！
苏飞：哪里哪里！对了，还有谁会来吃饭？
杰明：还有我的美国朋友，我已经把饭店的地址发给他了。
苏飞：他什么时候到？
杰明：可能还有20分钟。
苏飞：李丽给我发微信了，说她10分钟后就到。
杰明：那我们先喝茶吧，慢慢等他们。
苏飞：好的。

25 租房
zū fáng
RENTING AN APARTMENT

gōng zuò rén yuán　xiān sheng　nín hǎo　qǐng jìn
工作人员：先生，您好！请进。
Staff:　　　　Hello, **sir**! Please come in.

jié míng　　　xiè xie
杰明：　　谢谢！
Jamie:　　　Thank you!

gōng zuò rén yuán　qǐng zuò　qǐng wèn nín shì xiǎng mǎi fáng zi　hái shì zū fáng zi
工作人员：请坐！请问您是想**买房子**，还是**租房子**？
Staff:　　　Please sit down. Would you like to **buy a place** or **rent a place**?

jié míng　　　wǒ xiǎng zū fáng zi
杰明：　　我想**租房子**。
Jamie:　　　I would like to **rent a place**.

gōng zuò rén yuán　hǎo de　qǐng wèn nín xiǎng zài nǎ lǐ zū
工作人员：好的，请问您想在**哪里**租？
Staff:　　　Okay, **where** do you want to rent?

jié míng　　　zài bǎo shān qū　zuì hǎo hé dì tiě zhàn hěn jìn
杰明：　　在宝山**区**，最好和**地铁站**很近。
Jamie:　　　In Baoshan **District**, it's best to be very close to the **subway station**.

gōng zuò rén yuán　kě yǐ　nín xiǎng zū shén me yàng de fáng zi
工作人员：可以！您想租**什么样**的房子？
Staff:　　　Sure! **What kind of** apartment do you want to rent?

杰明： 是**套二**的房子，有一个**客厅**，两个**房间**。
Jamie: A **two-bedroom** apartment, with one **living room** and two **rooms**.

工作人员： 好的。请问，还有其他**要求**吗？
Staff: Okay. Are there any other **requirements**?

杰明： 我还想要一个**厨房**和一个**洗手间**。
Jamie: I also want a **kitchen** and a **toilet**.

工作人员： **阳台**呢？
Staff: What about the **balcony**?

杰明： **如果**有阳台，**当然**更好。如果没有，也**没关系**！
Jamie: **If** there is a balcony, **of course** it would be better. If not, **it doesn't matter**!

工作人员： 好的。请问，您的**价格**要求是？
Staff: Okay. May I ask, what's your **price** requirements?

杰明： 每个月在3500元**以下**。
Jamie: **Below** 3500 Yuan per month.

工作人员： 好的！请问您想租**多长时间**？
Staff: Okay! **How long** would you like to rent for?

杰明： **可能**是一年。
Jamie: **Possibly** a year.

工作人员： 好！请**等一下**，我去**查一查**。
Staff: Okay, please **wait a moment**, I will **have a check**.

五分钟后...
5 minutes later...

工作人员： 先生，您看！这一**套怎么样**？它**符合**您的要求，而且和地铁站只有500米。

Staff: Sir, look! **How about** this one? It **meets** your requirements, **plus** it is only 500 meters away from the **subway station**.

杰明：我觉得很好！请问，我可以去**看一看**吗？

Jamie: I think it's great! May I go to **have a look**?

工作人员：当然可以，您什么时候**有时间**？我可以**带**您去。

Staff: Of course, when do you **have time**? I can **take** you there.

杰明：明天**中午**12点，**怎么样**？

Jamie: **How about** tomorrow at 12 **noon**?

工作人员：可以。请问您的**电话号码**是多少？

Staff: Yes. What is your **mobile number**?

杰明：是19000060001

Jamie: It's 19000060001

工作人员：谢谢！明天我给您**打电话**。

Staff: Thank you! I will **call** you tomorrow.

Culture Corner

It's very common in China that the place to rent flats is also the place to buy flats. Rental prices are also higher in tier-1 cities like Beijing and Shanghai, and much lower in other cities.

Key Vocabulary

mǎi 买	v.	to buy	zū 租	v.	to rent
qū 区	n.	district	yāo qiú 要求	n.	requirement
chú fáng 厨房	n.	kitchen	xǐ shǒu jiān 洗手间	n.	washroom
yáng tái 阳台	n.	balcony	kè tīng 客厅	n.	living room
fáng jiān 房间	n.	room	jià gé 价格	n.	price
fáng zi 房子	n.	house	wò shì 卧室	n.	bedroom
shū fáng 书房	n.	study room	gōng yù 公寓	n.	apartment
yǐ xià 以下	n.	below	kě néng 可能	adv.	possibly
chá yi chá 查一查	v.	have a check	fú hé 符合	v.	to match/meet (requirements)

STUDY BOOST
Renting Accommodation

wǒ xiǎng zū zhè gè gōng yù / fáng zi
我想租这个公寓/房子。   I would like to rent this apartment/house.

měi yuè de zū jīn shì duō shǎo
每月的租金是多少？   What is the monthly rent?

bāo kuò jiā jù ma
包括家具吗？   Does it include furniture?

shuǐ diàn fèi bāo kuò zài zū jīn lǐ ma
水电费包括在租金里吗？   Are utilities included in the rent?

wǒ xū yào zhī fù yā jīn ma
我需要支付押金吗？   Do I need to pay a deposit?

zū qī shì duō cháng shí jiān
租期是多长时间？   What is the duration of the lease?

shén me shí hòu qiān zū lìn hé tong
什么时候签租赁合同？   When can I sign the lease agreement?

wǒ shén me shí hòu kě yǐ bān jìn qù
我什么时候可以搬进去？   When can I move in?

Chinese Version

工作人员：先生，您好！请进。
杰明：谢谢！
工作人员：请坐！请问您是想买房子，还是租房子？
杰明：我想租房子。
工作人员：好的，请问您想在哪里租？
杰明：在宝山区，最好和地铁站很近。
工作人员：可以！您想租什么样的房子？
杰明：是套二的房子，有一个客厅，两个房间。
工作人员：好的。请问，还有其他要求吗？
杰明：我还想要一个厨房和一个洗手间。
工作人员：阳台呢？
杰明：如果有阳台，当然更好。如果没有，也没关系！
工作人员：好的。请问，您的价格要求是？
杰明：每个月在3500元以下。
工作人员：好的！请问您想租多长时间？
杰明：可能是一年。
工作人员：好！请等一下，我去查一查。

5分钟后...

工作人员：先生，您看！这一套怎么样？它符合你的要求，而且和地铁站只有500米。
杰明：我觉得很好！请问，我可以去看一看吗？
工作人员：当然可以，您什么时候有时间？我可以带你去。
杰明：明天中午12点，怎么样？
工作人员：可以。请问您的电话号码是多少？
杰明：是19000060001。
工作人员：谢谢！明天我给您打电话。

26

SEEING A DOCTOR

jié míng nín hǎo   qǐng wèn nín guì xìng
杰明：您好！请问您**贵姓**？
Jamie: Hello! What is your **surname**?

yī shēng wǒ xìng wáng   nǐ kě yǐ jiào wǒ wáng yī shēng
医生：我姓王，你可以叫我王**医生**。
Doctor: My surname is Wang, you can call me **Doctor** Wang.

jié míng wáng yī shēng   nín hǎo
杰明：王医生，您好！
Jamie: Hi, Doctor Wang!

yī shēng nín hǎo   qǐng wèn nǐ nǎ lǐ bù shū fu
医生：您好！请问你哪里**不舒服**？
Doctor: Hello! May I ask, what is causing your **discomfort**?

jié míng wǒ zǒng shì jué de hěn lèi   bù jǐn tóu tòng   ér qiě wǎn shàng yě shuì bu hǎo
杰明：我**总是**觉得很累，不仅**头痛**，而且晚上也**睡不好**。
Jamie: I **always** feel very tired. Not only do I have a **headache**, but I **can't sleep well** at night.

yī shēng nǐ shì cóng shén me shí hòu kāi shǐ bù shū fu de
医生：你是从**什么时候**开始不舒服的？
Doctor: **When** did you start to feel sick?

jié míng cóng sān tiān qián
杰明：从三天**前**。
Jamie: From three days **ago**.

yī shēng kě néng fā shāo le qǐng yòng zhè gè cè yí xià nǐ de tǐ wēn
医生：可能**发烧**了，请用这个**测一下**你的**体温**。
Doctor: Maybe you **have a fever**. Please **have a check of** your **body temperature** with this.

jié míng hǎo de
杰明：好的。
Jamie: Okay.

liǎng fēn zhōng hòu
两分钟后⋯
2 minutes later

yī shēng wǒ kàn kan shì 39 dù zhēn de fā shāo le nǐ ké sou ma
医生：我看看，是39度，真的发烧了。你**咳嗽**吗？
Doctor: Let me see, it is 39 degrees. You do have a fever. Do you **cough**?

jié míng duì dàn zhǐ shì zǎo shàng ké sou
杰明：对，但**只是**早上咳嗽。
Jamie: Yes, but **only** coughing in the morning.

yī shēng hái yǒu nǎ lǐ bù shū fu ma
医生：还有哪里不舒服吗？
Doctor: Is there any other issue (where discomfort)?

jié míng bí zi yě bù shū fu yǒu shí hòu hái liú bí tì
杰明：**鼻子**也不舒服，有时候还**流鼻涕**。
Jamie: My **nose** is also uncomfortable, sometimes I have a **runny nose**.

yī shēng nǐ zhè xiē tiān chī de zěn me yàng
医生：你这些天吃得**怎么样**？
Doctor: **How** are you eating these days?

jié míng qí shí zhè xiē tiān dōu bú tài xiǎng chī dōng xi suǒ yǐ chī de bù duō
杰明：其实，**这些天**都不太想吃东西，**所以**，吃得不多。
Jamie: Actually, I don't feel like eating **these days**, **so** I don't eat much.

yī shēng nǐ shì dé gǎn mào le zhè shì yào dān zi
医生：你是**得感冒**了，这是**药单子**。
Doctor: You **have a cold**. Here is the **medicine list**.

jié míng xiè xie
杰明：谢谢！
Jamie: Thank you!

医生：你要按时**吃药**，还要**多休息**，多喝水。一个星期后，应该会好。如果不好，请**再来**。

Doctor: You need to **take medicine** on time, **rest more** and drink plenty of water. After a week, it should be better. If not, please **come again**.

杰明：好的。请问在哪里**拿药**？

Jamie: Okay. Where can I **get the medicine**?

医生：在二楼的202**药房**。

Doctor: In **pharmacy room** 202 on the second floor.

杰明：谢谢你，再见。

Jamie: Thank you, goodbye.

医生：再见！

Doctor: Goodbye!

Culture Corner

In many Western countries, otherwise healthy people do not tend to see a doctor for a cold, however this is very common in China. Your health is important, especially when traveling or living abroad; read and listen carefully to pick up some useful words and phrases in case you ever need to see the doctor in China.

Key Vocabulary

guì xìng 贵姓	n.	surname (respectful)		yī shēng 医生	n.	doctor
lèi 累	adj.	tired		tóu tòng 头痛	adj.	headache
kāi shǐ 开始	v.	to start		cóng 从	prep.	from
fā shāo 发烧	v.	have a fever		tǐ wēn 体温	n.	body temperature
ké sou 咳嗽	v.	to cough		bí zi 鼻子	n.	nose
liú bí tì 流鼻涕	v.	to have runny nose		gǎn mào 感冒	n.	cold
yào dān zi 药单子	n.	medicine list		chī yào 吃药	v.	take medicine

Supplementary Vocabulary

shì gù 事故	n.	accident		fù xiè 腹泻	n.	diarrhoea
jiù hù chē 救护车	n.	ambulance		wèi tòng 胃痛	n.	stomach ache
jí zhěn shì 急诊室	n.	emergency room		gē shāng 割伤	n.	cut
jìng luán 痉挛	n.	cramp		cā shāng 擦伤	n.	graze
xiào chuǎn 哮喘	n.	asthma		yū shāng 瘀伤	n.	bruise
pí zhěn 皮疹	n.	rash		shāo shāng 烧伤	n.	burn
bí xuè 鼻血	n.	nosebleed		yǎo shāng 咬伤	n.	bite
ě xīn 恶心	n.	nausea		zhé shāng 蛰伤	n.	sting
liú gǎn 流感	n.	flu		niǔ shāng 扭伤	n.	sprain

Chinese Version

杰明：您好！请问您贵姓？
医生：我姓王，你可以叫我王医生。
杰明：王医生，您好！
医生：您好！请问你哪里不舒服？
杰明：我总是觉得很累，不仅头痛，而且晚上也睡不好。
医生：你是从什么时候开始不舒服的？
杰明：从三天前。
医生：可能发烧了，请用这个测一下你的体温。
杰明：好的。

2分钟后…

医生：我看看，是39度，真的发烧了。你咳嗽吗？
杰明：对，但只是早上咳嗽。
医生：还有哪里不舒服吗？
杰明：鼻子也不舒服，有时候还流鼻涕。
医生：你这些天吃得怎么样？
杰明：其实，这些天都不太想吃东西，所以，吃得不多。
医生：你是得感冒了，这是药单子。
杰明：谢谢！
医生：你要按时吃药，还要多休息，多喝水。一个星期后，应该会好。如果不好，请再来。
杰明：好的。请问在哪里拿药？
医生：在二楼的202药房。
杰明：谢谢你，再见。
医生：再见！

27

圣 诞 快 乐！
shèng dàn kuài lè

MERRY CHRISTMAS!

<small>sū fēi　　jié míng　　nǐ　zài　kàn shén me</small>
苏飞：杰明，你在看什么？
Su Fei: Jamie, what are you looking at?

<small>jié míng　 zài shǒu jī shàng kàn xīn wén　　wā　　nǐ　jīn tiān kàn shàng qù zhēn piào liang</small>
杰明：在手机上看**新闻**。哇！你今天**看上去**真漂亮！
Jamie: Just **news** on the phone. Wow! You **look** so beautiful today!

<small>sū fēi　　nǐ　zhī dào jīn tiān shì shén me　rì　zi　ma</small>
苏飞：你知道今天是什么**日子**吗？
Su Fei: Do you know what **day** is today?

<small>jié míng　 dà jiā dōu zhī dào　　jīn tiān shì shèng dàn jié</small>
杰明：大家都知道！今天是**圣诞节**！
Jamie: Everyone knows! Today is **Christmas**!

<small>sū fēi　 duì　 wǒ　yǐ wéi nǐ wàng le　　zhù nǐ shèng dàn kuài lè</small>
苏飞：对！我**以为**你忘了！祝你**圣诞快乐**！
Su Fei: Yes! I **thought** you forgot! Wish you **Merry Christmas**!

<small>jié míng　 zěn me kě néng wàng　 shèng dàn kuài lè　　nǐ kàn　 zhè shì gěi nǐ de lǐ wù</small>
杰明：怎么可能**忘**！圣诞快乐！你看，这是给你的**礼物**。
Jamie: How could I **forget**! Merry Christmas! You see, this is a **gift** for you.

<small>sū fēi　 wǒ kě yǐ dǎ kāi kàn kan ma</small>
苏飞：我可以**打开**看看吗？
Su Fei: Can I **open** it to have a look?

杰明：当然可以。
Jamie: Of course.

苏飞：哇！是**雪人球**！真是太美了！谢谢你！
Su Fei: Wow! It's a **snowman glass ball**! So beautiful! Thank you!

杰明：不客气，我知道你最喜欢看**下雪**，现在可以**天天**看啦。
Jamie: You're welcome, I know you like watching **snowing** the most, now you can watch it **every day**.

苏飞：太棒了！这是我送给你的**礼物**，你打开**看看**。
Su Fei: Great! This is my **gift** to you. Open and **take a look**.

杰明：谢谢！啊，是一件蓝色的**衬衫**，我很喜欢！对了，你知道吗？昨天我**收到**了很多苹果。
Jamie: Thank you! Ah, it's a blue **shirt**, I love it! By the way, do you know? I **received** many apples yesterday.

苏飞：是你的**同学**送给你的吗？
Su Fei: Did your **classmates** give them to you?

杰明：是啊！他们说在**平安夜**应该吃苹果。
Jamie: Yes! They said everyone should eat apples on **Christmas Eve**.

苏飞：对，在平安夜，中国人喜欢**送苹果**、吃苹果。
Su Fei: Yes, on Christmas Eve, we like to **give away apples** and eat apples in China.

杰明：为什么？
Jamie: Why?

苏飞：因为"平安"的"平"和"苹果"的"苹"**同音**。吃苹果是**平安**的意思。
Su Fei: Because the Chinese character "píng" from the word "apple" **sounds the same** as another "píng" from the word of "peace". Eating apples means having **peace**.

jié míng zhè zhēn yǒu qù nǐ ne zuó tiān chī píng guǒ le ma
杰明： 这真**有趣**！你呢，**昨天**吃苹果了吗？
Jamie: This is so **fun**! What about you, did you eat apples **yesterday**?

sū fēi chī le shì gōng sī tóng shì sòng de
苏飞： 吃了，是公司**同事**送的。
Su Fei: I did. They were given by company **colleagues**.

jié míng wǒ hé tóng xué men jīn tiān wǎn shàng qù gē tīng chàng gē nǐ xiǎng qù ma
杰明： 我和同学们**今天晚上**去**歌厅**唱歌，你想去吗？
Jamie: My classmates and I will go to the **karaoke** to sing **tonight**. Do you want to come with us?

sū fēi hǎo a shén me shí hòu qù
苏飞： 好啊！什么时候去？
Su Fei: Alright! What time?

jié míng wǎn shàng diǎn
杰明： 晚上7点。
Jamie: 7 o'clock in the evening.

sū fēi hǎo
苏飞： 好！
Su Fei: OK!

Culture Corner

Although Christmas is not a public holiday in China, many companies and individuals celebrate it. Giving apples as gifts is a tradition on Christmas Eve as the apple represents peace due to the words sounding similar in Chinese. Hence, apples are also called the fruit of peace on this day.

píng guǒ	píng ān	píng ān guǒ
苹果	平安	平安果
apple	peace	peace fruit

Key Vocabulary

xīn wén 新闻	n.	news	kàn shàng qù 看上去			to look like
rì zi 日子	n.	date / day	yǒu qù 有趣	adj.		interesting
shèng dàn jié 圣诞节	n.	Christmas festival	wàng 忘	v.		to forget
píng ān yè 平安夜	n.	Christmas Eve	píng ān 平安	n.		peace
shèng dàn shù 圣诞树	n.	Christmas tree	tóng shì 同事	n.		colleague
shèng dàn kuài lè 圣诞快乐	phr.	Merry Christmas	tóng xué 同学	n.		classmate
shèng dàn lǎo rén 圣诞老人	n.	Father Christmas	gē tīng 歌厅	n.		karaoke

STUDY BOOST

Expressing Appreciation for Gifts

tài bàng le 太棒了！	Awesome!
nǐ tài hǎo le 你太好了！	You're too kind!
nǐ zhēn tiē xīn 你真贴心！	That's so thoughtful of you!
tài gǎn xiè nǐ le 太感谢你了！	Thank you so much!
zhè zhēn shì tài piàoliang le 这真是太漂亮了！	This is truly so beautiful!
wǒ hǎo xǐ huān zhè gè 我好喜欢这个！	I really like this!
zhè zhēn shì gè jīng xǐ 这真是个惊喜！	What a surprise!
zhè shì wǒ xiǎng yào de 这是我想要的！	This is what I wanted!

Chinese Version

苏 飞：杰明，你在看什么？
杰 明：在手机上看新闻。哇！你今天看上去真漂亮！
苏 飞：你知道今天是什么日子吗？
杰 明：大家都知道！今天是圣诞节！
苏 飞：对！我以为你忘了！祝你圣诞快乐！
杰 明：怎么可能忘！圣诞快乐！你看，这是给你的礼物。
苏 飞：我可以打开看看吗？
杰 明：当然可以。
苏 飞：哇！是雪人球！真是太美了！谢谢你！
杰 明：不客气，我知道你最喜欢看下雪，现在可以天天看啦。
苏 飞：太棒了！这是我送给你的礼物，你打开看看。
杰 明：谢谢！啊，是一件蓝色的衬衫，我很喜欢！对了，你知道吗？昨天我收到了很多苹果。
苏 飞：是你的同学送给你的吗？
杰 明：是啊！他们说在平安夜应该吃苹果。
苏 飞：对，在平安夜，中国人喜欢送苹果、吃苹果。
杰 明：为什么？
苏 飞：因为"平安"的"平"和"苹果"的"平"同音。吃苹果是平安的意思。
杰 明：这真有趣！你呢，昨天吃苹果了吗？
苏 飞：吃了，是公司同事送的。
杰 明：我和同学们今天晚上去歌厅唱歌，你想去吗？
苏 飞：好啊！什么时候去？
杰 明：晚上7点。
苏 飞：好！

28 用微信还是支付宝?
yòng wēi xìn hái shì zhī fù bǎo
WeChat or Alipay?

苏飞: 你**已经**来中国**半年**了,**感觉**怎么样?
sū fēi: nǐ yǐ jīng lái zhōng guó bàn nián le, gǎn jué zěn me yàng
Su Fei: You **have been** in China for **half a year**, what do you **feel**?

杰明: 觉得很**开心**,在中国生活太**方便**了!
jié míng: jué de hěn kāi xīn, zài zhōng guó shēng huó tài fāng biàn le
Jamie: I feel very **happy**, living in China is so **convenient**!

苏飞: 哪里方便?是**公共交通**,还是**吃喝住行**?
sū fēi: nǎ lǐ fāng biàn? shì gōng gòng jiāo tōng, hái shì chī hē zhù xíng?
Su Fei: What (aspect) is convenient? Is it **public transportation**, or **basic necessities** (food, drink, accommodation and transportation)?

杰明: 这些**都**很方便,因为都可以用手机**完成**。
jié míng: zhè xiē dōu hěn fāng biàn, yīn wèi dōu kě yǐ yòng shǒu jī wán chéng
Jamie: These are **all** convenient because they can all be **completed** with a mobile phone.

苏飞: 我最喜欢在**网上**买东西,**东西**多,**选择**也多!
sū fēi: wǒ zuì xǐ huān zài wǎng shàng mǎi dōng xi, dōng xi duō, xuǎn zé yě duō
Su Fei: I like shopping **online** the most. There are lots of **things** and so many **choices**!

杰明: 而且,我已经**习惯**了在网上**点餐**、打车、订酒店。
jié míng: ér qiě, wǒ yǐ jīng xí guàn le zài wǎng shàng diǎn cān, dǎ chē, dìng jiǔ diàn

Jamie: Besides, I'm also **used to ordering food**, taxis, and hotels online.

苏飞：是啊！我**记得**你也下载了打车的**手机程序**，对吗？

Su Fei: Indeed! I **remember** you already downloaded the taxi **mobile app**, right?

杰明：对！这个真的非常**好用**，我最喜欢！虽然，我常常坐地铁**出门**。但是，有时候也喜欢**打车**，又方便、又便宜。

Jamie: Yes! This is really **useful**, my favourite! Although, I usually take the subway to **go out**. However, sometimes I like to **take a taxi**, and this app makes it convenient and cheap.

苏飞：其实，在英国的时候，**也**可以在**网上**做很多事。

Su Fei: Actually, when you were in the UK, you can **also** do a lot of things **online**.

杰明：没错！**可是**，在中国，可以在**网上**做的事更多、更快、更方便。

Jamie: That's right! **However**, in China, you can do more **online**, and it's faster, and more convenient.

苏飞：那你觉得**微信**怎么样！

Su Fei: What do you think of **WeChat**?

杰明：我已经**离不开**微信了！**因为**，打电话、**发短信**、买东西都用微信。

Jamie: I already **can't live without** WeChat! **Because** I need it for making calls, **sending text messages**, and paying for things.

苏飞：我也是！**每次**付钱，**要么**用微信，**要么**用支付宝。

Su Fei: Me too! **Every time** I pay, **either** by WeChat, **or** by Alipay.

杰明：对啊！我**发现**，现在很多商店都不收**现金**。

Jamie: Indeed! I **notice** that many stores now do not accept **cash**.

苏飞：对！现在的中国**差不多**是个**无现金社会**，大家**主要**用微信，或支付宝付钱。

Su Fei: Yes! China is **almost** a **cashless society** nowadays. People **mainly** pay by WeChat or Alipay.

杰明：微信和支付宝，哪个用得**更多**？

Jamie: WeChat or Alipay, which one is **more** used?

苏飞：我觉得是微信。**比如说**，我只用**支付宝**在网上买东西。

Su Fei: I think it's **WeChat**. **For example**, I only use **Alipay** to buy things online.

杰明：在**公司**，大家也用微信吗？

Jamie: In **companies**, do people also use WeChat?

苏飞：是的，我的公司有**微信群**，同事们经常在群里**发消息**。

Su Fei: Yes, my company has a **WeChat group**, and colleagues often **send messages** in the group.

杰明：我们学校的**老师**和**同学**也用微信群**发通知**。

Jamie: **Teachers** and **classmates** in our university also **send notifications** in our WeChat group.

Culture Corner

China has come from being a cash-based society to almost cashless with ubiquitous mobile payments. Apps such as WeChat and Alipay see over 1 trillion RMB in transactions a year.

There are mobile apps covering many aspects of daily life in China, from shopping to travel, and much more.

Key Vocabulary

wēi xìn 微信	n	WeChat		zhī fù bǎo 支付宝	n	Alipay	
duǎn xìn 短信	n.	text message		qún 群	n.	group	
wán chéng 完成	v.	to complete		diǎn cān 点餐	vp.	to order food	
dǎ chē 打车	v.	take a taxi		dìng jiǔ diàn 订酒店	vp.	to book a hotel	
hǎo yòng 好用	adj.	useful		lí bu kāi 离不开	vp.	cannot live without	
gōnggòng jiāo tōng 公共交通	n.	public transport		xiàn jīn 现金	n.	cash	
bǐ rú shuō 比如说	phr.	for example		gōng sī 公司	n.	company	
chī hē zhù xíng 吃喝住行		daily necessities (eat, drink, live, travel)		tōng zhī 通知	n. v.	notification to notify	

STUDY BOOST
Agreeing and Disagreeing

yǒu dào lǐ / méi dào lǐ 有道理 / 没道理！	It makes sense / It doesn't make sense!
wǒ bú tài tóng yì 我不太同意。	I don't really agree.
wǒ wán quán tóng yì 我完全同意。	I completely agree.
nǐ shuō de duì / méi cuò 你说得对 / 没错！	You are right / not wrong!
wǒ jué de bu shì zhè yàng de 我觉得不是这样的。	I don't think that's the case.
duì zhè gè, wǒ yǒu bù tóng de kàn fǎ 对这个，我有不同的看法。	I have a different opinion on this.
wǒ jué de / rèn wéi 我觉得 / 认为 [statement]。	I think/assume [statement].
wǒ de guāndiǎn / kàn fǎ shì 我的观点 / 看法是 [statement]。	My view/opinion is [statement].

Chinese Version

苏飞：你已经来中国半年了，感觉怎么样？
杰明：觉得很开心，在中国生活太方便了！
苏飞：哪里方便？是公共交通，还是吃喝住行？
杰明：这些都很方便，因为都可以用手机完成。
苏飞：我最喜欢在网上买东西，东西多，选择也多！
杰明：而且，我已经习惯了在网上点餐、打车、订酒店。
苏飞：是啊！我记得你也下载了打车的手机程序，对吗？
杰明：对！这个真的非常好用，我最喜欢！虽然，我常常坐地铁出门。但是，有时候也喜欢打车，又方便、又便宜。
苏飞：其实，在英国的时候，也可以在网上做很多事。
杰明：没错！可是，在中国，可以在网上做的事更多、更快、更方便。
苏飞：那你觉得微信怎么样！
杰明：我已经离不开微信了！因为，打电话、发短信、买东西都用微信。
苏飞：我也是！每次付钱，要么用微信，要么用支付宝。
杰明：对啊！我发现，现在很多商店都不收现金。
苏飞：对！现在的中国差不多是个无现金社会，大家主要用微信，或支付宝付钱。
杰明：微信和支付宝，哪个用得更多？
苏飞：我觉得是微信。比如说，我只用支付宝在网上买东西。
杰明：在公司，大家也用微信吗？
苏飞：是的，我的公司有微信群，同事们经常在群里发消息。
杰明：我们学校的老师和同学也用微信群发通知。

29

找 工 作
zhǎo gōng zuò

FINDING A JOB

jié míng fēi fēi wǒ xiǎng gào sù nǐ yí jiàn shì
杰明：飞飞，我想**告诉**你**一件事**。
Jamie: Feifei, I want to **tell** you something(**one matter**).

sū fēi shì shén me shì
苏飞：是什么事？
Su Fei: What is it?

jié míng wǒ zài xué xiào lǐ de xué xí yǐ jīng jié shù le xiàn zài wǒ dǎ suàn zhǎo
杰明：我在学校里的学习已经**结束**了，现在我**打算**找
gōng zuò
工作。
Jamie: My studies in the university are already **over**, and now I **plan to** find a job.

sū fēi tài hǎo le wǒ zhī chí nǐ
苏飞：太好了，我**支持**你！
Su Fei: That's great, I **support** you!

jié míng xiè xie nǐ wǒ zhī dào bù róng yì dàn wǒ yí dìng yào shì yi shì
杰明：谢谢你！我知道**不容易**，但我**一定**要试一试。
Jamie: Thank you! I know it is not **easy**, but I **must** have a try.

sū fēi nǐ xiǎng zhǎo shén me yàng de gōng zuò
苏飞：你想找**什么样**的工作？
Su Fei: What kind of job are you looking for?

jié míng hái bù zhī dào dàn shì yǐ jīng yǒu liǎng jiā gōng sī lián xì wǒ le
杰明：还不知道，**但是**已经有两家公司**联系**我了。

Jamie: I don't know yet, **but** two companies have **contacted** me.

苏飞：是两家什么**公司**？
Sū fēi: shì liǎng jiā shén me gōng sī
Su Fei: Which two **companies**?

杰明：是一家中国的**教育**公司，和一家美国的**进出口**公司，都在上海。
jié míng: shì yì jiā zhōng guó de jiào yù gōng sī, hé yì jiā měi guó de jìn chū kǒu gōng sī, dōu zài shàng hǎi
Jamie: It's a Chinese **education** company and an American **import and export** company, both in Shanghai.

苏飞：是什么工作？
sū fēi: shì shén me gōng zuò
Su Fei: What are the job roles?

杰明：第一个是**英语老师**，第二个是**业务经理**。
jié míng: dì yī gè shì yīng yǔ lǎo shī, dì èr gè shì yè wù jīng lǐ
Jamie: The first one is an **English teacher** position, and the second is a **business manager** position.

苏飞：**工资**怎么样？
sū fēi: gōng zī zěn me yàng
Su Fei: How are the **salaries**?

杰明：第一个是**每月**二万元，第二个，我还不知道。
jié míng: dì yī gè shì měi yuè èr wàn yuán, dì èr gè, wǒ hái bù zhī dào
Jamie: The first one is 20,000 Yuan **per month**, as for the second one, I don't know yet.

苏飞：你觉得自己**更喜欢**哪个？
sū fēi: nǐ jué de zì jǐ gèng xǐ huān nǎ ge
Su Fei: Which one do you **like more**?

杰明：不知道，我要好好**想一想**。
jié míng: bù zhī dào, wǒ yào hǎo hǎo xiǎng yi xiǎng
Jamie: I don't know, I have to **think about it**.

苏飞：这两家公司都可以**帮助**你办**工作签证**吗？
sū fēi: zhè liǎng jiā gōng sī dōu kě yǐ bāng zhù nǐ bàn gōng zuò qiān zhèng ma
Su Fei: Can both companies **help** you apply for a **work visa**?

杰明：是的。
jié míng: shì de
Jamie: Yes.

苏飞：太好了！有了工作签，你就可以在中国**长住**了。
sū fēi: tài hǎo le, yǒu le gōng zuò qiān, nǐ jiù kě yǐ zài zhōng guó cháng zhù le
Su Fei: That's great! With a work visa, you can **stay longer** in China.

杰明：是啊！我很喜欢在中国**生活**。如果能**一边工作，一边生活**，当然更好！

Jamie: Yes! I enjoy **living** in China very much. And of course it would be better if I could **enjoy life while working**!

苏飞：我**同意**！对了，你什么时候**面试**？

Su Fei: I **agree**! By the way, when are your **interviews**?

杰明：**第一个**是星期五，**第二个**是两个星期后。

Jamie: **The first one** is on Friday, and **the second one** is in two weeks' time.

苏飞：加油，我**相信**你一定会**成功**！

Su Fei: Come on! I **believe** you will **succeed**!

杰明：谢谢你！

Jamie: Thank you!

Learning Tip

一边 is used to connect two actions (verbs or verbal phrases) to indicate two things happening at the same time:

一边 + Verb 1 + 一边 + Verb 2

一边工作一边生活。 Enjoying life **while** working.

Key Vocabulary

gào sù 告诉	v.	to tell	jié shù 结束	v.	to end
zhǎo gōng zuò 找工作	vp.	to find a job	zhī chí 支持	v.	to support
róng yì 容易	adj.	easy	shì yi shì 试一试	vp.	have a try
lián xì 联系	v.	to contact	jiào yù 教育	n.	education
jìn kǒu 进口	v.	to import	chū kǒu 出口	v.	to export
lǎo shī 老师	n.	teacher	jīng lǐ 经理	n.	manager
gōng zī 工资	n.	salary	gōng zuò 工作	v.	to work
qiān zhèng 签证	n.	visa	tóng yì 同意	v.	to agree
miàn shì 面试	n. / v.	interview / to have interview	chéng gōng 成功	adj. / v.	successful / to succeed

STUDY BOOST

Encouragement and Motivation

jiā yóu 加油!	Come on (literally: add fuel)!
bié fàng qì 别放弃!	Don't give up!
nǐ néng xíng 你能行!	You can do it!
wǒ xiāng xìn / zhī chí nǐ 我相信/支持你!	I believe/support you!
nǐ shì zuì bàng de 你是最棒的!	You are the best!
jiān chí jiù shì shèng lì 坚持就是胜利!	Persistence leads to victory!
nǐ yào xiāng xìn zì jǐ 你要相信自己!	You must believe in yourself!

Chinese Version

杰明：飞飞，我想告诉你一件事。
苏飞：是什么事？
杰明：我在学校里的学习已经结束了，现在我打算找工作。
苏飞：太好了，我支持你！
杰明：谢谢你！我知道不容易，但我一定要试一试。
苏飞：你想找什么样的工作？
杰明：还不知道，但是已经有两家公司联系我了。
苏飞：是两家什么公司？
杰明：是一家中国的教育公司，和一家美国的进出口公司，都在上海。
苏飞：是什么工作？
杰明：第一个是英语老师，第二个是业务经理。
苏飞：工资怎么样？
杰明：第一个是每月二万元，第二个，我还不知道。
苏飞：你觉得自己更喜欢哪个？
杰明：不知道，我要好好想一想。
苏飞：这两家公司都可以帮助你办工作签证吗？
杰明：是的。
苏飞：太好了！有了工作签，你就可以在中国长住了。
杰明：是啊！我很喜欢在中国生活。如果能一边工作，一边生活，当然更好！
苏飞：我同意！对了，你什么时候面试？
杰明：第一个是星期五，第二个是两个星期后。
苏飞：加油，我相信你一定会成功！
杰明：谢谢你！

30

新年快乐！
xīn nián kuài lè

HAPPY NEW YEAR!

jié míng　xīn nián kuài lè
杰明：**新年**快乐！

Jamie: Happy **New Year**!

sū fēi　xīn nián kuài lè　　zhù nǐ shēn tǐ jiàn kāng　wàn shì rú yì
苏飞：新年快乐！祝你**身体健康**，**万事如意**！

Su Fei: Happy New Year! I wish you **good health** and that **everything goes well**!

jié míng　xiè xie nǐ　shí jiān guò de zhēn kuài ā
杰明：谢谢你！**时间**过得真快啊！

Jamie: Thank you! **Time** flies so fast!

sū fēi　shì a　　qù nián wǒ men zài yīng guó guò xīn nián　jīn nián zài zhōng guó guò
苏飞：是啊！**去年**我们在英国**过新年**，**今年**在中国过
　　　　xīn nián
　　　　新年。

Su Fei: Indeed! We **celebrated the New Year** in the UK **last year** and **this year** in China.

jié míng　wǒ hěn gāo xìng zhè gè xīng qī nǐ bú shàng bān　kě yǐ hǎo hǎo xiū xi
杰明：我很高兴这个星期你不**上班**，可以**好好休息**、
　　　　hǎo hǎo guò nián
　　　　好好过年！

Jamie: I'm very happy that you're not **working** this week, so you can **have a good rest** and **enjoy a great new year**!

sū fēi　ǹg　zhōng guó xīn nián yě shì zhōng guó de chūn jié　jīn tiān　wǒ men guò
苏飞：嗯，中国新年也是中国的**春节**！今天，我们过
　　　　xīn nián　yě guò chūn jié
　　　　新年、也过春节！

Su Fei: Well, Chinese New Year is also **Chinese Spring Festival**! Today, we celebrate the New Year and the Spring Festival together!

杰明：对！祝我们**春节快乐**！
Jamie: True! **Happy Spring Festival**!

苏飞：你看，我今天**做了**一条"红烧鱼"。
Su Fei: Look, I **made** a "red braised fish" today.

杰明：好香啊！对了，**为什么**今天要吃鱼？
Jamie: It smells so good! By the way, **why** do we eat fish today?

苏飞：你没听过吗——"年年有余"？
Su Fei: Haven't you heard of the idiom - "have surplus each year"?

杰明："年年有余"是什么意思？
Jamie: What does this mean?

苏飞：意思是每年都有"剩余"。**因为**"余"和"鱼"**同音**，所以吃鱼是：生活好，有"剩余"。
Su Fei: **It means** there is "surplus" for every year. **Because** the Chinese character for "surplus" **sounds the same** as the word "fish", so eating fish means: good life with enough "surplus".

杰明：真**有趣**！那我也**祝你**"年年有余"！
Jamie: That's **interesting**! Then I also **wish you** "have surplus each year!"

苏飞：对了，我准备的**红包**在哪儿？
Su Fei: Hmm, where are the **red packets** I prepared?

杰明：在**电脑**旁边，明天你的爸妈会来，这**红包**是给他们的吗？
Jamie: Next to the **computer**, your parents will come tomorrow. Are these red **packets** for them?

苏飞：是啊！**我小的时候**，爸妈给我红包。现在，是我给他们红包。
Su Fei: Yes! **When I was little**, my parents gave me red packets. Now, it's my turn to give them red packets.

Key Vocabulary

xīn nián 新年	n.	New Year		kuài lè 快乐	adj.	happy
jīn nián 今年	n.	this year		qù nián 去年	n.	last year
míng nián 明年	n.	next year		shēng huó 生活	n.	life
shēn tǐ jiàn kāng 身体健康	idiom	good health		shí jiān 时间	n.	time
wàn shì rú yì 万事如意	idiom	everything goes well		chūn jié 春节	n.	Spring Festival
guò xīn nián 过(新)年	vp.	celebrate new year		hóng bāo 红包	n.	red packet
nián nián yǒu yú 年年有余	idiom	have surplus every year		diàn nǎo 电脑	n.	computer

Culture Corner

Chinese New Year (新年) falls on the first day of the first month in the lunar calendar. It also marks the beginning of spring, which is why it is often called the Spring Festival (春节). Traditional customs include sending good wishes, eating fish, setting off firecrackers, staying up late on New Year's Eve, and giving red packets (money).

The legend of the Beast Nian (年兽) is widely regarded as the origin of the festival and these traditions. It tells of a terrifying creature, Nian (年), that would appear each year to terrorize villages. Nian was said to fear loud noises, bright lights, and the colour red. To protect themselves, villagers hung red decorations, lit firecrackers, and made loud noises to drive it away.

Over time, these practices became the foundation of Chinese New Year traditions, many of which continue today. You can find this story, along with other festival origins and classic legends, in my book **Chinese Stories for Language Learners: Elementary Volume 1.**

Chinese Version

杰明：新年快乐！
苏飞：新年快乐！祝你身体健康，万事如意！
杰明：谢谢你！时间过得真快啊！
苏飞：是啊！去年我们在英国过新年，今年在中国过新年。
杰明：我很高兴这个星期你不上班，可以好好休息、好好过年！
苏飞：嗯，中国新年也是中国的春节！今天，我们过新年、也过春节！
杰明：对！祝我们春节快乐！
苏飞：你看，我今天做了一条"红烧鱼"。
杰明：好香啊！对了，为什么今天要吃鱼?。
苏飞：你没听过吗——"年年有余"？
杰明："年年有余"是什么意思？
苏飞：意思是每年都有"剩余"。因为"余"和"鱼"同音，所以吃鱼是：生活好，有"剩余"。
杰明：真有趣！那我也祝你"年年有余"！
苏飞：对了，我准备的红包在哪儿？
杰明：在电脑旁边，明天你的爸妈会来，这红包是给他们的吗？
苏飞：是啊！我小的时候，爸妈给我红包。现在，是我给他们红包。

Access Audio

I highly encourage you to use the accompanying audio recordings for all of the conversations in this book, not only will it help to improve your listening skills but if you are unfamiliar or unsure about the pronunciations of any words in this book, then you can listen to them spoken by native speakers.

Instructions To Access Audio

1. Scan the QR code on this page

    or

    Go to:
    www.linglingmandarin.com/books

2. Locate this book in the list

3. Click the "Access Audio" button

4. Enter the password (case-sensitive):

    5fQhsjA

5. Select your preferred option to listen to the audio

CHINESE CONVERSATIONS SERIES

LingLing's Chinese Conversations Series is a graded journey from beginner to advanced, designed for learners who want to develop strong speaking skills through engaging, story-based dialogues.

Dive into realistic authentic Mandarin conversations that help you build fluency while exploring modern China.

Across the series, you'll explore everyday situations, from basic interactions to deeper themes such as relationships, careers, business, social media, and technology. Through these dialogues, you'll gain greater fluency and deeper cultural insight, helping you communicate with confidence and sound more natural in Chinese.

For the best results and a smooth learning experience, we recommend collecting all volumes in the series. Consistent learning leads to remarkable progress.

300 ESSENTIAL CHINESE CHARACTERS

WORKBOOK SERIES

CHINESE WRITING FOR KIDS WORKBOOK 1 (CHARACTERS 1-100)

CHINESE WRITING FOR KIDS WORKBOOK 2 (CHARACTERS 101-200)

CHINESE WRITING FOR KIDS WORKBOOK 3 (CHARACTERS 201-300)

CLAIM YOUR FREE EBOOK

www.linglingmandarin.com/beginner-bundle

MORE BOOKS BY LINGLNG

CHINESE STORIES FOR LANGUAGE LEARNERS ELEMENTARY VOL. 1

CHINESE STORIES FOR LANGUAGE LEARNERS ELEMENTARY VOL. 2

CHINESE STORIES FOR LANGUAGE LEARNERS INTERMEDIATE VOL. 1

CHINESE STORIES FOR LANGUAGE LEARNERS INTERMEDIATE VOL. 2

CHINESE STORIES FOR LANGUAGE LEARNERS ADVANCED

THE ART OF WAR FOR LANGUAGE LEARNERS

LEARN CHINESE VOCABULARY FOR BEGINNERS: NEW HSK 1

LEARN CHINESE VOCABULARY FOR BEGINNERS: NEW HSK 2

LEARN CHINESE VOCABULARY FOR BEGINNERS: NEW HSK 3

Get notified about **new releases**
https://linglingmandarin.com/notify

About the Author

LingLing is a native Chinese Mandarin educator with an MA in Communication and Language. Originally from China, now living in the UK, she is the founder of the learning brand LingLing Mandarin, which aims to create the best resources for learners to master the Chinese language and achieve deep insight into Chinese culture in a fun and illuminating way. Discover more about *LingLing* and access more great resources by following the links below or scanning the *QR* codes.

WEBSITE
linglingmandarin.com

YOUTUBE CHANNEL
youtube.com/c/linglingmandarin

PATREON
patreon.com/linglingmandarin

INSTAGRAM
instagram.com/linglingmandarin

www.ingramcontent.com/pod-product-compliance
Lightning Source LLC
Chambersburg PA
CBHW081618100526
44590CB00021B/3490